Springer

*Berlin
Heidelberg
New York
Barcelona
Budapest
Hongkong
London
Mailand
Paris
Santa Clara
Singapur
Tokio*

Walter Gradl

Professionelles Imaging

Photo CD und digitaler Farbdruck in der Praxis

Mit 52 Abbildungen, davon 45 in Farbe,
19 Tabellen und einer CD-ROM

Springer

Walter Gradl
Oberdorfstraße 90
D-69245 Bammental

und

V-DIA GmbH
Geschäftsbereich Professionelles Imaging
Kurpfalzring 100
D-69123 Heidelberg

Additional material to this book can be downloaded from http://extras.springer.com

ISBN-13: 978-3-642-95736-9

Die Deutsche Bibliothek-CIP-Einheitsaufnahme
Professionelles Imaging: Photo CD und digitaler Farbdruck in der Praxis:
mit 19 Tabellen/Walter Gradl. - Berlin; Heidelberg; New York; Barcelona; Budapest;
Hongkong; London; Mailand; Paris; Santa Clara; Singapur; Tokio: Springer.
  ISBN-13: 978-3-642-95736-9   e-ISBN-13: 978-3-642-95735-2
  DOI: 10.1007/978-3-642-95735-2
NE: Gradl, Walter

Satz: Reproduktionsreife Vorlage vom Autor *Abbildungen*: Datenübernahme von Kodak
Photo-CD und Integration in die Textdateien durch S+R, Hemsbach *Belichtung*: S+R,
Hemsbach
Umschlaggestaltung: Künkel+Lopka, Ilvesheim *Hersteller*: Peter Straßer, Springer-Verlag
Gedruckt auf säurefreiem Papier   SPIN 10519255   33/3142 – 5 4 3 2 1 0

Vorwort

W ir befinden uns nicht an der Schwelle eines neuen Zeitalters der digitalen Bildkommunikation, sondern sind bereits mitten darin. Durch die damit verbundenen Entwicklungen in allen Wirtschafts- und Kulturbereichen besteht erheblicher Informationsbedarf. Das betrifft vor allem die praktische Umsetzung.

Seit 1993 veranstalte ich im Rahmen meiner beruflichen Tätigkeit Anwenderseminare, um den Teilnehmern aus Wirtschaft, Verwaltung und Fortbildung praxisnahe Informationen zu vermitteln. Wir führen vor, daß die neuen Technologien, speziell die Photo CD und der digitale Farbdruck, im Alltag vorteilhaft anwendbar sind und Kosten senken helfen. Als Herr Reichle vom Springer-Verlag nach einem solchen Seminar vorschlug, ein Buch darüber zu schreiben, ergab sich die Gelegenheit, unsere täglichen praktischen Erfahrungen einem noch größeren Kreis Interessierter näherzubringen. Das Buch soll den Leser ermutigen, den Weg in die digitale Welt zu wagen. Es ist für jene geschrieben, die beruflich mit Bildkommunikation zu tun haben. Es ist weniger für die Spezialisten gedacht, die schon seit Jahren mit professionellen Bildbearbeitungsprogrammen umgehen. Doch auch dieser Leserkreis wird Neues und Nützliches erfahren.

Danken möchte ich allen, die an der Entstehung des Buchs beteiligt waren. Ihr Interesse und Einsatz hat mir über die unvermeidlichen Tiefs hinweggeholfen. Ganz besonders bin ich Richard Kaczmarzik dankbar, der mir seinen reichen Erfahrungsschatz als freier Kommunikations- und Medienberater, vor allem aber seine Zeit und Geduld zur Verfügung stellte. Von seiner praktischen Erfahrung in der Medienwelt

– unter anderem als Projektmanager des weltweiten *AgrEvo Photo Library and Order Service*-Projekts – profitiert das Buch in besonderem Maße. Helmut Hofmann und den Mitarbeitern von Kodak verdanke ich tiefere Einblicke in die professionelle Anwendung der Photo CD. Mein Dank gilt aber auch allen Fachleuten der verschiedenen Berufssparten – der Fotografie, der Druckvorstufe, der Grafik, des Marketings, der Computerwelt, des Raster- und digitalen Drucks, in Werbung und PR, in der Automobil- und Verlagsbranche und in der Medizin –, die von dem raschen Wandel in der Bilderwelt betroffen sind und mich unterstützt haben, den Bezug zur Praxis in einem breiten Bogen darzustellen.

Danken möchte ich abschließend den Mitarbeitern des Springer-Verlags, Herrn Gregor Reichle, Peter Straßer und Frau Barbara S. Hellbarth-Busch, für die Herausforderung, dieses Vorhaben zu realisieren und für die anregende und angenehme Zusammenarbeit.

Ob es gelungen ist, Ihnen, liebe Leserin und lieber Leser, Hilfe für **Ihre Praxis** zu geben, wäre für mich sehr interessant und wertvoll zu erfahren. Für Anregungen und Kritik bin ich dankbar.

Bammental, im April 1996
Walter Gradl

Inhaltsverzeichnis

Einleitung

D urch die neuen Technologien stehen Bilder in einem vor kurzem noch für unmöglich gehaltenen Ausmaß einem breiten Anwenderkreis zur Verfügung. Als zu Beginn der 90er Jahre die Kodak Photo CD und der digitale Farbdruck auf Messen vorgestellt wurden, zeichnete sich zwar eine Veränderung in der Bildkommunikation ab, Umfang und Tempo dieser technischen Revolution blieben aber den meisten verborgen. Das professionelle Imaging – die Schöpfung, Be- und Verarbeitung von Bildern im modernen Berufsleben – bringt bisher nebeneinander bestehende Berufszweige näher zusammen; zum Teil durchdringen sie sich oder verlagern sich ganz.

Gab es bisher zum Beispiel die getrennten Welten der Fotografie, der Grafik, der Druckvorstufe und des Drucks, des Fernsehens, der elektronischen Datenverarbeitung und der Telekommunikation, so überwinden heute die neuen Technologien viele der bisherigen Grenzen. Inzwischen sind Werkzeuge für alle Anwender verfügbar, um eine Grafik am Computer zu erstellen, Text und Foto zu integrieren, diese Seite mit einem Layout auszudrucken und druckfertig weiterzugeben – alles vom eigenen Computer aus. Weitere Beispiele: Bild-Archive werden digital gesichert und an die Tochtergesellschaften eines internationalen Konzerns verschickt. Dort wird am PC ein Layout erstellt und das Ergebnis per Datenfernübertragung an die Werbeagenturen gesandt. Es werden Multimedia-Anwendungen mit Fotos, Videofilm-, Musik- und Sprachsequenzen kombiniert. Bald wird es selbstverständlich sein, daß Tageszeitungen nur noch Farbbilder drucken, daß Geschäftspublikationen mit Farbbil-

Die neuen Technologien überwinden die Grenzen vieler Berufssparten

dern bereichert und im eigenen Sekretariat in Kleinauflagen gedruckt werden, daß Text- und Bildintegration sowie Bildbearbeitung zum beruflichen und privaten Alltag gehören.

1.1 Vom Silberhalogenid zu Bits und Bytes: Von der analogen in die digitale Welt

Die Analog-Anzeige stellt Zwischenstufen dar

Das Wort analog (griechisch: lógos = Wort) bezeichnet eine Größe, die einen beliebigen Wert annehmen kann. Ein einfaches Beispiel ist die analoge Uhr. Der Zeiger wandert kontinuierlich und ohne Sprünge über das Zifferblatt. Eine analoge Kurve hat stetig zu- oder abnehmende Werte. Eine analoge Anzeige kann stufenlos Zwischenwerte zeigen.

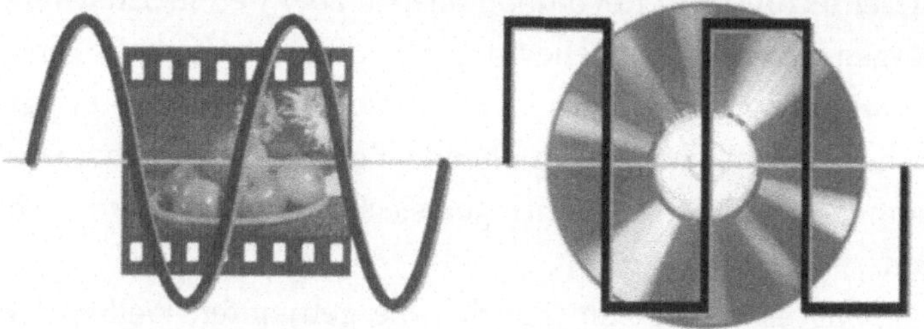

Abb. 1.1: Der Unterschied zwischen analoger und digitaler Anzeige

Digital = genau definiert, keine Zwischenstufen

Das Gegenteil, die digitale Anzeige (lateinisch: digitus = Finger) kennt nur genau definierte Werte. Man stellt sich am besten das Zählen mit den Fingern vor, bei denen die Finger entweder angewinkelt oder gestreckt sind. Bei der Digitalanzeige können keine Zwischenstufen angenommen werden. Die Digitaluhr, um im Bild zu bleiben, zeigt die Zeit in sprunghaften Schritten an. Eine Digitaluhr mit Stunden- und Minutenanzeige präsentiert eine ganze Minute lang beispielsweise die Anzeige 08.12, bevor sie mit einer blitzartigen Bewegung auf 08.13 springt. Genauso verhält es sich mit dem analogen bzw. digitalen Bild. Bei einem Dia oder Negativ sind sämtliche Zwischenwerte, also alle Grau- und Farbtöne „gespeichert".

Pixel = Bildpunkt

Das digitale Bild dagegen besteht aus kleinen Flächen, den Pixeln, die in sich keine Zwischenabstufungen kennen.

Die Abstufungen müssen simuliert werden, indem viele kleine Punkte nebeneinander angeordnet werden, ähnlich den Rasterpunkten im Druck. Betrachtet man das gedruckte Bild mit der Lupe, dann sieht man eine Auflösung der Bildpunkte.

Warum also digital, wenn dieser objektive Nachteil besteht, keine Zwischenabstufungen darstellen zu können? Eine berechtigte Frage. Die Antwort lautet: Weil ein Computer nur funktioniert, wenn er mit einfachsten Schaltungen arbeiten kann. Strom fließt, Strom fließt nicht, an oder aus, 0 oder 1, sonst nichts. Wenn wir uns aber dieses Prinzip zunutze machen, können Eingabe-, Bearbeitungs-, Ausgabe- und Übertragungsoperationen in einer Geschwindigkeit und Präzision ablaufen, die mit analogen Mitteln nicht erreichbar sind. Ein weiterer Vorteil: Bei der Herstellung von analogen Kopien entstehen immer Qualitätsverluste. Digitale Kopien sind absolut verlustfrei.

Freilich haben digitale Bilder gegenüber analogen einen zunächst groß erscheinenden Nachteil: Sie sind nicht mehr physisch in dem Sinne vorhanden, daß sie ohne Gerät betrachtet werden können. Ein Dia, gegen das Licht gehalten, zeigt das Bild. Ein Speichermedium gibt seinen Inhalt nur mit einem komplizierten Gerät preis, einem Computer oder Player. Das ist gewöhnungsbedürftig, und manche Menschen lehnen es innerlich ab, sich damit zu beschäftigen. Da die Vorteile die Nachteile bei weitem überwiegen, breitet sich die digitale Welt mit atemberaubender Geschwindigkeit in unserem Alltag aus. Begeben wir uns auf die faszinierende Reise. Wir gewinnen viel mehr, als wir aufgeben müssen.

1.2 Die Entwicklung der CD

Anfang der 70er Jahre entwickelte Philips ein optisches Abtastverfahren und stellte 1978 erstmals eine Bildplatte mit Abspielgerät vor, bei der die Bildinformationen mit einem Laserstrahl abgetastet wurden. Der Neuentwicklung war damals noch kein Erfolg beschieden, das Prinzip aber gefunden.

Der entscheidende Vorteil der Digitalisierung ist die Bearbeitungsgeschwindigkeit

Der Nachteil: Digitale Bilder kann man nicht anfassen

Bildplatte

Kleine Geschichte

der CD

Was hat Beethoven

mit der CD zu tun?

1979 wurde die Audio CD (CD = Compact Disk) eingeführt. Sie eroberte in kurzer Zeit den Musikmarkt und verdrängte die herkömmliche Langspielplatte mit analoger Tonaufzeichnung und analoger Abtastung völlig. Nach dem Siegeszug der Ton-Compact Disc lag es nahe, einen neuen Versuch zu wagen, nämlich Bilder digital zu speichern. Das von Kodak unter Mitarbeit von Philips entwickelte Photo CD System wurde 1990 in den USA vorgestellt. Als geistige Väter der Photo CD gelten der Physiker Scott A. Brownstein und der Marketingfachmann Stephen S. Stepnes, beide Mitarbeiter der Kodak in Rochester, USA.

1995 wurden in Deutschland bereits über 7 Millionen Photo CD Scans allein für den professionellen Markt hergestellt. Das Geschäftsfeld wächst in zweistelliger Größenordnung.

Eine amüsante Bemerkung am Rande: Die heute übliche CD mit einem genormten Durchmesser von 12 cm hat ihre Größe von Beethovens neunter Symphonie. Bei der Entwicklung der Audio CD war es das Ziel, dieses Werk mit seinen 74 min Aufführungsdauer auf einer Scheibe unterzubringen. So gebührt Beethoven der Verdienst, bis heute maßgeblich nicht nur die Musik, sondern auch die Bildkommunikation zu beeinflussen.

Dem Anwender wird allerdings zugemutet, sich intensiv mit den neuen Technologien auseinanderzusetzen, Sachverhalte differenziert zu sehen und nicht nur nach Gründen zu suchen, warum die neuen Techniken gerade für einen selbst nicht in Frage kommen.

Die faszinierenden Möglichkeiten dieses neuen Mediums werden häufig nicht richtig erkannt oder aus Angst vor Veränderungen nicht wahrgenommen. Wenn man sich aber nicht den Bedürfnissen des Marktes nach einer aktiven, dynamischen und kostensparenden Dienstleistung anpassen will oder kann, besteht die Gefahr, daß die potentiellen Kunden abwandern. Das kann soweit gehen, daß Arbeitsplätze im eigenen Unternehmen verlorengehen. Das geschieht besonders, wenn die Kunden das Gefühl bekommen, daß sie der bisherige Lieferant nicht über die Einspar- und Vorteilspotentiale der neuen Techniken informiert.

Digitalisieren und Speichern

2.1 Von Bits, Pixeln und Dots

Der Computer arbeitet mit Millionen kleinster Schalter, die nur zwei Möglichkeiten kennen: An (1) oder Aus (0). Der Computer stellt sämtliche Rechenoperationen als Kombination von Einsen und/oder Nullen dar. Das gilt für das Schreiben von Texten, für das Bearbeiten eines Bildes und für das Programmieren gleichermaßen. Ein Bit ist ein solcher kleiner Schalter. Ein digitales Bild oder eine Schrift ist immer aus kleinen Quadraten aufgebaut, denen eine bestimmte Farbe oder ein Grauwert zugeordnet sind. Sie heißen Pixel. Dieser Begriff wurde aus **Pic**ture und **El**ements gebildet.

Von der Farbtiefe der einzelnen Pixel hängt es ab, ob ein Pixel nur den Zustand schwarz oder weiß annehmen kann, oder ob dazwischen Graustufen möglich sind. Die Bittiefe 1 Bit kennt nur schwarz oder weiß. Das entspricht einer Glühbirne, die nur ein- oder ausgeschaltet sein kann. Sie kann nicht ein bißchen an oder aus sein. Wenn wir uns jetzt eine Stehlampe mit zwei Glühbirnen vorstellen, haben wir analog dazu die Bittiefe von 2. Es gibt jetzt vier Möglichkeiten der Kombination: beide Glühbirnen an oder aus, nur die eine an und die andere aus und umgekehrt. Wir können mit dieser Schaltungskombination vier Stufen darstellen: weiß, schwarz, hell- und dunkelgrau. Wenn ein Scanner mit einer

Hier erfahren Sie nicht nur, was Stehlampen mit Bits zu tun haben

Bit

Pixel

Aus 1 und 0 werden 16 Millionen

Bittiefe von 8 Bit (wir stellen uns einen Kronleuchter mit 8 Glühbirnen vor) arbeitet, sind 256 verschiedene Zustände möglich und demnach 256 Graustufen. Soll ein Bild nun farbig dargestellt werden, arbeitet man mit einer Bittiefe von 8 Bit für jeden Farbkanal in Rot, Grün und Blau (RGB). Das ergibt 256 x 256 x 256 Kombinationen: über 16 Millionen verschiedene Farben.

Das Wesen der digitalen Bilder

Digitale Bilder werden durch die Bittiefe, die Auflösung (wieviel Pixel pro Maßeinheit) und die Abmessungen beschrieben. Die Auflösung wird normalerweise in dpi (Dots per inch, das bedeutet Pixel pro inch) angegeben. Der Ver-

Vergrößerungsfaktor

größerungsfaktor eines Bildes ist wichtig, weil er angibt, auf welche Fläche die Pixel verteilt werden müssen. Scannen wir z. B. eine Vorlage mit der Abmessung von 2,54 x 2,54 cm (1x1 inch) mit einer Auflösung von 600 dpi, bedeutet das, daß die gesamte Fläche in 600 x 600 Bildpunkte (Dots) zerlegt wird. Vergrößern wir das Scanergebnis nun linear auf das dreifache – das ergibt 7,62 cm –, dann werden auf einem Zoll (2,54 cm) nur 200 Bildpunkte verteilt. Die Auflösung „verschlechtert" sich auf 200 dpi.

2.2 Scannertypen

Beim Scannen werden Vorlagen beleuchtet, abgetastet und in digitale Signale umgewandelt. Ein Scanner (englisch: to scan = abtasten) ist vereinfacht gesprochen ein Abtastgerät. Wir unterscheiden Trommel- und Flachbettscanner nach der Methode, wie die Vorlage montiert wird. Das ist natürlich nicht der einzige Unterschied.

Trommelscanner – Spitzenkönner

Trommelscanner zeichnen sich durch eine große Arbeitsgeschwindigkeit und hohe Abtastauflösung aus. Die Vorlagenmontage erfordert Übung, da die Vorlagen plan auf der Walze anliegen müssen. Es eignen sich nur flexible Vorlagen.

In **Flachbettscannern** können dagegen auch dicke, inflexible und sogar dreidimensionale Vorlagen verarbeitet werden. Die Scanauflösung ist durch die Anzahl der CCD-(Charge Coupled Device) Zeilen beschränkt. Die CCDs werden ebenfalls bei **digitalen Kameras** eingesetzt. Es wird noch einige Zeit vergehen, bis Profiaufnahmen mit digitalen Kameras in der Qualität und zu den Kosten wie im Moment in der Silberhalogenid-Fotografie erstellt werden können.

Flachbettscanner

Digitale Kamera

Wie immer erbringt ein guter Scanner allein noch keine guten Ergebnisse. Es kommt auf den Operator an. Durch die hochentwickelte Scannertechnik und Reprosoftware ist es heute allerdings möglich, auch ohne mehrjährige Ausbildung gute Scans zu produzieren. Die Preise der Scanner, wie beispielsweise der SAPHIR von Linotype-Hell, liegen in einem durchaus erschwinglichen Rahmen. Die Ausstattung dieses Scanners mit LinoColor bringt viele Vorteile mit sich, man muß z. B. nur die gewünschte Auflösung und Ausgabegröße festlegen, die Berechnung erfolgt dann automatisch.

2.3 Scanauflösung und Ausgabegröße

Warum ist es wichtig, über die richtige Scanauflösung Bescheid zu wissen? Einerseits aus Qualitätsgründen: ein zu gering aufgelöstes Bild wird schlecht dargestellt. Andererseits aus Zeit- und damit Kostengründen: ein zu hoch aufgelöstes Bild braucht unnötig Rechnerzeiten sowie Speicherplatz, und die Qualität wird dadurch nicht besser.

Scanauflösung

Die Scanauflösung ist vom Ausgabemedium abhängig. Will man auf einem Halbtondrucker, z. B. einem 300 dpi-Thermosublimationsdrucker drucken und die Vorlage linear vierfach vergrößern, dann sollte die Scanauflösung 1.200 dpi betragen (300 x 4). Wir sehen schon das Grundprinzip: Es muß für jeden zu druckenden Punkt mindestens einer in der Vorlage abgetastet werden. Für den Rasterdruck muß das Bild in Rasterpunkte aufgelöst werden. Als Standard gelten 60 lpcm (Linien pro Zentimeter, 60er-Raster). Etwa 95 % aller Farbdrucke werden im 60er-Raster gedruckt. Der Zeitungsdruck liegt bei 30 lpcm, der Qualitätsdruck in höchster Voll-

Das Grundprinzip des Scannens

endung bei 120 bis 150. Soll für einen Rasterdruck gescannt werden, gilt für die richtige Scanauflösung die Formel

Scanauflösung = Rasterweite des Drucks x Rasterfaktor x Vergrößerungsfaktor

Rasterfaktor Eine optimale Umsetzung von Pixeln in Rasterpunkte erfolgt, wenn es viermal so viele Pixel wie Rasterpunkte gibt. Das bedeutet, die Auflösung ist zweimal so hoch wie die Rasterweite (2 x 2 = 4). Die Verdopplung der Rasterweite ist aus der „Sampling-Theorie" abgeleitet. Der Sampling- bzw. Rasterfaktor kann aber auch von 2 auf 1,5 oder noch weiter reduziert werden, wenn ein gewisser Schärfe- und/oder Detailverlust vertretbar ist.

Beispiel: Es soll ein Bild mit einer Rasterweite von 60 lpcm in 2,5-facher Vergrößerung gedruckt werden. Wie groß muß dann die Scanauflösung sein?

Rasterweite 60 lpcm x Rasterfaktor 2 x Vergrößerungsfaktor 2,5 = 300 dpcm (dots per cm). Falls die Scanauflösung in dpi statt in dpcm angegeben werden muß, kann der Wert mit folgender Formel umgerechnet werden:

1 inch = 2,54 cm.

In unserem Beispiel sind das 300 dpcm x 2,54 = 762 dpi.

Zum Schluß dieses Abschnittes noch ein Tip: Bitte beachten Sie, daß es sich um verschiedene Maßeinheiten handelt: Die Scanauflösung wird normalerweise in Dots pro inch, die Rasterweite in Linien pro Zentimeter angegeben.

2.4 Die CD-Typen

Bei der Vielzahl der CD-Typen ist es schwer geworden, die Begriffe auseinanderzuhalten und eindeutig zuzuordnen. Viele Irrtümer können vermieden werden, wenn die Eigenschaften eindeutig definiert sind. Tabelle 2.1 soll dabei helfen. Es wird deutlich, daß nur die Photo CD-Familie in der Lage ist, fünf bzw. sechs Auflösungsstufen für jedes einzelne Bild zu speichern. Dagegen kann die CD ROM (der Begriff hat sich für die Multimedia-CD etabliert) durchgehenden Ton speichern, d. h. Bild und Ton können voneinander unabhängig präsentiert werden. Während die Photo CD Master und die Pro Photo CD Master nur vom Dienstleister beschrieben werden kann, der eine Lizenz von Kodak erworben hat, ist die Portfolio II lizenzfrei.

Tabelle 2.1: Merkmale der CD-Typen

Speicher-möglich-keit	Audio CD	CD ROM	Photo CD	Pro Photo CD	Port-folio II	Writable CD (CD-R)	CD-i
Ton	x	x		x		x	x
Bilder		x	x	x	x	x	x
Software		x	x	x	x	x	
Daten		x			x		
Bewegt-bilder		x					x
5 bzw. 6 Auflösun-gen je Bild			x	x	x		

2.5 Die Kodak Photo CD

Bei der überhasteten Markteinführung des Photo CD Systems wurden die Bedürfnisse der Märkte falsch eingeschätzt und Anwender über Gebühr verunsichert. Kodak plazierte die Photo CD zunächst im Markt der privaten Endverbraucher und erkannte erst spät die Chancen und Möglichkeiten der professionellen Anwendungen. Wenn in diesem Buch versucht wird, die Photo CD in der praktischen Anwendung zu erläutern, dann in der Überzeugung, daß diese Technologie ein hervorragendes Potential gerade für die beruflich-kommerzielle Nutzung birgt.

Ab 1992 wurden weltweit Transferstationen aufgestellt, mit denen die großen Fotolabors für das Übertragen der Dias und Negative auf die goldene Scheibe sorgen.

Abb. 2.1:

Das Indexprint

Um eine Photo CD herzustellen, werden fotografische Aufnahmen wie gewohnt belichtet, entwickelt und die Bilddaten auf die Scheibe gespeichert. So können bestehende Negative und Dias mit einem Satz in die digitale Welt springen.

Indexprint

Zusammen mit der Photo CD erhält der Anwender ein Indexprint, das alle Motive in Briefmarkengröße zusammen mit einer fortlaufenden Nummer zeigt. Alle Kodak Master Photo CD's – das sind diejenigen, auf die mit einer Kodak Transferstation Dias oder Negative übertragen werden – tragen eine zwölfstellige Nummer, die weltweit nur einmal vergeben wird. Sie ist auf jedem Indexprint und jeder Scheibe in Klarschrift zu sehen und außerdem auf der CD in computerlesbarer Form abgelegt. Damit ist jede Master Photo CD ein unverwechselbares Original.

Die Photo CD ist ein unverwechselbares Original

2.6 Hard- und Softwarevoraussetzungen

Die nachfolgenden Ausstattungen sind als Vorschläge gedacht.

Tabelle 2.2: Konfigurationsvorschläge

	Mindest-ausstattung	Normal-ausstattung	Profi-ausstattung
Computer	IBM PC 386	IBM PC 486 Pentium	IBM PC Pentium, Mac, Power Mac
RAM	4 MB	16 MB	64 MB
Festplatte	1 GB	1 GB	2 GB
Laufwerk	CD ROM XA	CD ROM XA 4-fach	CD ROM XA 6-fach, Wechselplatte
Controller	E-IDE	SCSI	W-SCSI
Monitor	14 Zoll	17 Zoll	17 Zoll bzw. 21 Zoll
Betriebs-system	Windows 3.1	Windows 3.1, Windows 95	Windows 95, Windows NT, Mac OS 7.5.1
Soundkarte		x	x
Drucker	HP 850 C	HP 1600 C	Inkjet-, Laser-, Thermosubli-mationsdrucker
Programme	Kodak Access Plus	Kodak Access Plus, MS Word, Photoshop	Page Maker QuarkXPress Photoshop LinoColor

Die Photo CD kann mittels eines Photo CD- oder CD-i-Play-
ers am normalen Fernsehgerät betrachtet und mit einer Fernbedienung interaktiv gesteuert werden. Wichtiger ist die
Nutzung am Computer, wo sie von allen Betriebssystemen
unterstützt wird, ob es sich um DOS, Windows, Mac, OS/2
oder Unix handelt.

*Fast alle
Betriebssysteme unter-
stützen die
Photo CD*

2.7 Datenformat und Auflösungen

Beim Scannen zerlegt das Photo CD-Farbcodierungssystem das Bild in kleinste Bildpunkte und speichert es getrennt nach Helligkeits- und Farbinformationen im eigens entwickelten und von Kodak patentierten Photo YCC-Format. Das Y steht dabei für Helligkeitswerte, die Chrominanz wird durch die Farbwerte C ausgedrückt. Das menschliche Auge erkennt Abweichungen in der Helligkeit wesentlich besser als leichte Abweichungen im Farbton. Diese Erkenntnis wird gezielt zur Einsparung von Speicherplatz genutzt. Die YCC-Daten erleichtern eine effiziente Bildverarbeitung im Computer und ermöglichen die Komprimierung des Rohdatenvolumens. So wird z. B. das 16Base-Bild, das unkomprimiert eine Dateigröße von 18 MB hat, komprimiert auf 4,5 MB auf der Scheibe gespeichert. Dadurch gelingt es Kodak, auf einer CD mit der Speicherkapazität von 650 MB eine ursprüngliche Datenmenge von 1,8 Gigabyte unterzubringen.

Tabelle 2.3 zeigt die Auflösung der Photo CD in dpi für die einzelnen Formate und Auflösungsstufen.

Tabelle 2.3: dpi-Auflösungen der Photo CD

| | ← Photo CD → | | | Pro Photo CD → | | |
Originalformat	1/16 Base	1/4 Base	Base	4 Base	16 Base	64 Base
24x36 mm	135	271	541	1.083	2.176	4.334
6x6 cm						
6x7 cm	54	108	217	434	868	1.736
6x9 cm						
9x12 cm	36	72	144	289	578	1.157
4x5 inch	32	64	128	256	512	1.024

Die Hauptunterschiede zur gewöhnlichen CD ROM liegen in der patentierten Datenkomprimierung. Tabelle 2.4 zeigt die Unterschiede der normalen CD ROM zur Kodak Photo CD auf: Das Photo CD-Datenformat verfügt gegenüber der CD ROM über eine breitere Abspielbasis, sie wird als weltweiter, medienneutraler und geräteunabhängiger de-facto-Standard von nahezu allen Betriebssystemen und Softwareentwicklungen unterstützt. Sie bietet als einziges Medium fünf bzw. sechs Auflösungsstufen je Bild an und ist haltbarer als CDs aus der Massenproduktion.

Die Vorzüge der Photo CD als Medienvorstufe: Breite Abspielbasis, weltweiter de-facto-Standard, medienneutral, fünf bzw. sechs Auflösungsstufen je Bild, extrem haltbar.

Tabelle 2.4: Unterschiede CD ROM/Photo CD

	CD ROM	**Photo CD**
Abspielbasis	Nur CD ROM-Laufwerk. Beschränkte Plattform (z.B. nur Windows)	CD ROM Laufwerk (PC, Macintosh, Sun, Unix, 3DO, SEGA), Fernsehgerät (Photo CD Player oder CD-i Player)
Speicher-kapazität	650 MB	650 MB
Verfügbares Daten-volumen	abhängig vom Komprimie-rungsverfahren	1,8 Gigabyte (1.800 MB)
Verschie-dene Auflö-sungen	Nein	Fünf oder 6 verschiedene Auflösungen für jedes einzelne Bild, dadurch optimale Speicherbelegung für jede Anwendung und kurze Rechnerzeiten. Komprimierung ohne Qualitätsverlust.
Haltbarkeit	keine Garantie	Garantie: über 100 Jahre

Jedes Bild ist in fünf bzw. sechs Auflösungsstufen, sogenannten Image Pacs, abgelegt. Der Vorteil ist, daß für jeden Zweck die richtige Auflösung in den Rechner geladen wer-

Die Vorteile des Image Pacs

den kann. Für den Druck des Indexprints genügt zum Beispiel die niedrigste Auflösung, für die Darstellung am Bildschirm die Auflösung, die „Base" genannt wird. Die Zugriffszeiten sind in diesem Fall besonders kurz. Soll z. B. ein hochwertiger Druck entstehen, lädt man 16 oder 64 Base.

Zwei Medien stehen beim Photo CD Transfer zur Verfügung: Die Photo CD Master speichert mindestens 100 Kleinbildnegative oder -dias im Format 24 x 36 mm. Die Pro Photo CD Master nimmt darüber hinaus auch Mittelformate auf (4,5x6 cm, 6x6 cm, 6x7 cm, 6x9 cm, 9x12 cm und 4x5 inches). Sie kann ebenfalls 100 Bilder in 16Base-Auflösung oder 25 Bilder in 64Base-Auflösung speichern.

Tabelle 2.5: Auflösungen, Dateigrößen und Verwendung der Photo CD Bilder

Auflösung	Bildpunkte (Pixel)	Speicherplatz MB	Verwendung	Photo CD	Pro Photo CD
Base/16	128 x192	0,075	Index/Datenbank	x	x
Base/4	256x 384	0,3	DTP-Platzhalter	x	x
Base	512 x 768	1,2	TV	x	x
4*Base	1024x1536	4,7	HDTV/Druck	x	x
16*Base	2048 x 3072	18,9	Druck bis DIN A5	x	x
64*Base	4096 x 6144	75,6	Druck bis DIN A3	-	x

Abb. 2.2: Die neue Photo CD Familie

Darüber hinaus gibt es noch ein weiteres Photo CD Format: die Photo CD Portfolio II Disc. Dieser Typ kann neben Image Pacs auch digitale Bild-, Text-, Grafik- und Audio-Daten in anderen Formaten enthalten. Deshalb ist die Portfolio II, der Abschnitt 4.13 gewidmet ist, universell für die Verbreitung von Bildern, für Multimedia, Präsentationen, in der Datensicherung, im Verlagswesen, für Veröffentlichungen auf CD, Bildarchive und in der Druckvorstufe geeignet.

2.8 Verzeichnisstruktur

Die Verzeichnisstruktur der Photo CD ist benutzerfreundlich und intelligent gelöst. Zwei Hauptverzeichnisse bilden den Einstieg: *cdi* für interaktive Funktionen und *photo_cd* für Informationen über die Bilddateien sowie die Bilder selbst.

Verzeichnisstruktur

Bei der Photo CD Master verfügt das Hauptverzeichnis *photo_cd* über fünf Unterverzeichnisse, von denen uns drei besonders interessieren:
images enthält die Bildinformationen,
overview verkleinerte Versionen der Bilder und
rights die Copyright-Vermerke. (Abb. 2.4)

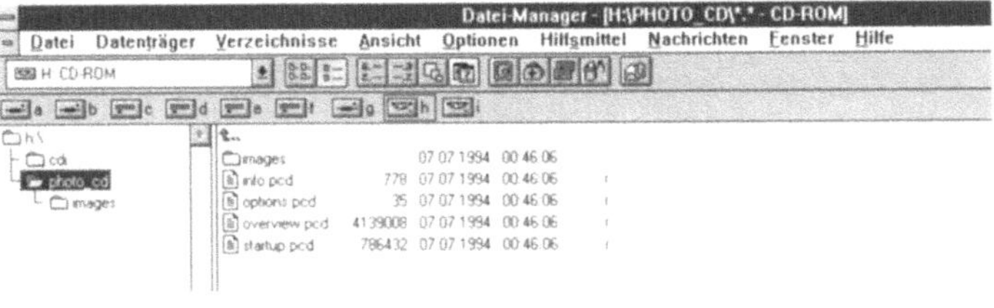

Abb. 2.3:
Verzeichnisstruktur der
Photo CD

Die Aufteilung der Unterverzeichnisse ist sehr wichtig. **Nur über *images* kommt man an alle verfügbaren Auflösungsstufen und damit an die hochwertigen Bilddateien.** Werden die Bilder über das Hauptverzeichnis *photo_cd* geöffnet, kann es sein, daß ein Programm die Bilder aus dem Unterverzeichnis *overview* darstellt, in dem nur Grobdaten zur Verfügung stehen. Die Enttäuschung über die „schlechte Qualität" ist in diesem Fall vorprogrammiert.

Rights wird vom Computer des Dienstleistungsbetriebs nur angelegt, wenn Eintragungen in dieses Verzeichnis vorgenommen werden.

Im Verzeichnis
overview stehen nur
Grobdaten.
Im Verzeichnis rights
sind frei definierte
Einträge möglich.

Die **Pro** Photo CD enthält ein weiteres Unterverzeichnis, nämlich *ipe* für die Bildinformationen mit einem Zusatzverzeichnis für die *64Base*-Auflösung. Das ist deswegen wichtig zu wissen, weil man der Pro Photo CD nicht ansieht, mit welcher Auflösung (16 oder 64Base) die Bilder gespeichert sind.

Wird der Verzeichnisbaum aufgerufen und ist das Unterverzeichnis 64Base sichtbar, wurde das Bild mit der höchstmöglichen Auflösung gescannt. Nicht alle Programme können auf diese hohe Auflösung zugreifen. In den Anfängen der Photo CD-Technologie hat Kodak wohl aus Marketinggründen eine restriktive Lizenzpolitik verfolgt und die 64Base-Auflösung an zu viele Bedingungen geknüpft bzw. hat diese hohe Auflösung nicht freigegeben. Inzwischen ist das Problem beseitigt. Das Programm Kodak Photo CD Access Plus, Version 3.0 für Macintosh-Systeme und Version 2.3 für Microsoft Windows, das diesem Buch mit der CD ROM beigefügt ist, kann auch auf die 64Base-Auflösung zugreifen. Auf dem nachfolgenden Screenshot = Bildschirmdarstellung, Abb. 2.4 ist die Pro Photo CD gezeigt. Das dort aufgerufene Bild 23 (img0023) zeigt im äußerst rechten Feld die Informa-

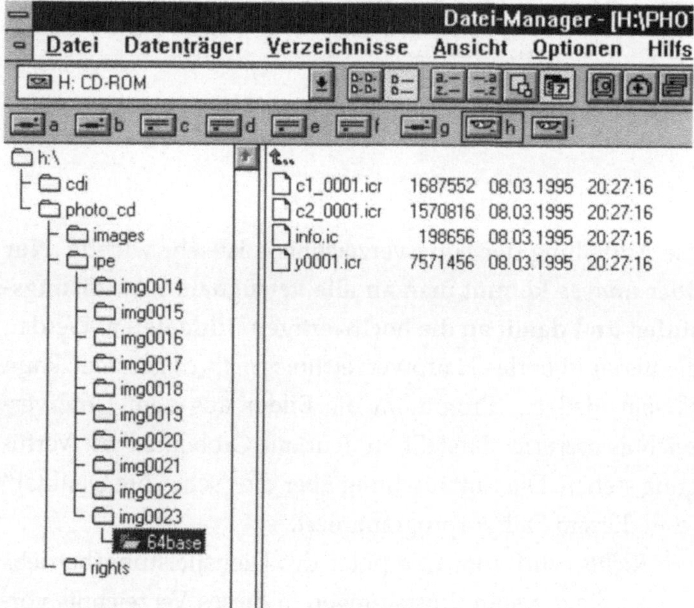

Abb. 2.4:
Verzeichnisstruktur der Pro Photo CD mit der Anzeige der 64 Base-Auflösung, der YCC-Dateien, der info-Datei und dem Unterverzeichnis rights

tionen über dieses Bild, nämlich die Dateien y (ganz unten in der Liste) sowie c1 und c2, die Daten über Helligkeit und Farbe (YCC). Zusätzlich ist die Datei info zu sehen, die Auskunft über die Entstehung der Photo CD gibt (Datum des Transfers, Dienstleister etc.)

2.9 Speichermethode und Haltbarkeit

Die Photo CD wird mit einem Laserstrahl beschrieben. Er brennt die Bildinformationen als feinste Vertiefungen in eine Farbstoffschicht der Scheibe. Das ist ein fundamentaler Unterschied zur magnetischen Speicherung. Magnetfelder können beeinflußt und gelöscht werden, eingebrannte Löcher nicht. Durch das Einbrennen mit dem Laserstrahl wird das Bild optisch gespeichert. Gegenüber der magnetischen Speicherung – etwa bei einer Wechselfestplatte – ergibt sich eine außerordentliche Haltbarkeit der Bilddaten auf der Photo CD. Während eine magnetische Speicherung nur etwa eine Lebensdauer von 15 bis 20 Jahre hat, wird die optische Speicherung von magnetischen Einflüssen nicht beeinträchtigt. Darüber hinaus garantiert Kodak durch eine spezielle und patentrechtlich geschützte Rundum-Versiegelung eine Haltbarkeit der Photo CD bei normalen Lager- und Betriebsbedingungen von mindestens 100 Jahren. Da die Farbstoffe der Dias und Negative mit der Zeit ausbleichen – man rechnet bei guter Filmentwicklung und Lagerung mit einer Haltbarkeit von etwa 30-50 Jahren –, überdauert das auf die Photo CD übertragene Bild bei weitem das Original.

Unterschied von optischer und magnetischer Speicherung

Allein deshalb ist es empfehlenswert, Bildarchive auf Photo CD zu sichern. Unter normalen Lager- und Betriebsbedingungen versteht man, kurz gesagt, daß die Photo CD wie ein Originaldia oder -negativ behandelt wird. Man faßt also nicht mit den Fingern auf die Scheibe, schützt sie vor Kratzern und Staub, lagert sie trocken bei Temperaturen kleiner als 40 °C, legt sie nicht in die Sonne, schüttet keine Lösungsmittel darüber, beschreibt sie nicht mit Filzstiften und klebt keine Etiketten darauf.

Eine Photo CD hält 100 Jahre, länger als das Dia oder das Negativ

*Wie wird eine Photo
CD behandelt?*

Die Photo CD ist weder bei den Materialien noch beim Herstellungsprozeß mit denen in Massenfertigung hergestellten Audio- oder Daten-CDs zu vergleichen. Kodak setzt Gold als reflektierende Schicht ein. Dieses Edelmetall ist absolut unempfindlich gegenüber Feuchtigkeit, Oxidation oder Lösungsmitteln. Die informationstragende Schicht besteht aus einem laserreaktiven Farbstoff, der sich auch bei extremen Lichtverhältnissen, Hitze und Feuchtigkeit durch Langzeitstabilität auszeichnet.

*Methoden für die
Voraussage der
Lebensdauer*

Für die Voraussage der Lebensdauer gibt es anerkannte Verfahren. Man lagert beispielsweise das Produkt bei unterschiedlichen Temperaturen und Feuchtigkeitsbedingungen und unterwirft es zyklischen Temperatur- und Feuchtigkeitsveränderungen: von kalt auf heiß, von feucht auf trocken und umgekehrt. Bis zum heutigen Tage haben sich bei den Photo CDs keine datensicherheitsrelevanten Veränderungen eingestellt. Die kratzertolerante Oberfläche widersteht selbst dann Beschädigungen, wenn die auftretenden Kräfte zweimal so groß sind wie jene Kräfte, die bei CDs aus Massenfertigungen zu Datenverlusten führen.

Da die Photo CD erst wenige Jahre am Markt ist, kann natürlich niemand den definitiven Beweis dafür antreten, daß heute auf der Photo CD abgelegte Bilddaten zum Ende des 21. Jahrhunderts noch wirklich existieren.

Andererseits wird es niemandem einfallen, die objektiv vorhandenen Vorteile der neuen Technik erst gegen Ende des kommenden Jahrhunderts einzusetzen, wenn der Beweis oder Gegenbeweis der Haltbarkeit erbracht ist. Lassen wir also getrost die Frage nach dem Beweis der hundertjährigen physischen Haltbarkeit auf sich beruhen und wenden wir uns einer noch wichtigeren Frage zu, der Frage der Sicherheit des Datenstandards.

2.10 Zukunftssicherheit

Die Photo CD hat ihren Platz in internationalen ISO-
Vereinbarungen und ist zum de facto Standard für digitale
Bildspeicherung geworden. Die Systemarchitektur wurde
offen gestaltet. Alle gängigen Betriebssysteme wie MS DOS,
Windows, das Apple Betriebssystem, IBM OS/2, Unix unterstützen das Photo CD System. Damit ist sichergestellt, daß
die Bilder auf der Photo CD weltweit eingesetzt werden
können. Aber nicht nur das: Alle zukünftigen Weiterentwick-
lungen werden auf diesem Standard aufbauen. Der neue
gemeinsame Standard der Großkonzerne wie Sony/Philips
und Toshiba/Time Warner, DVD genannt (Digital Versatile
Disc), mit einem Speichervolumen von bis zu 17 Gigabyte
wird mit der Photo CD kompatibel sein. Einmal auf der
Photo CD befindliche Bilder werden demnach auch in auseh-
barer Zukunft in kommende Standards integriert werden
können. In Verbindung mit der von Kodak ausgesprochenen
Garantie der physischen Haltbarkeit offenbart sich hier die
enorme praktische Bedeutung der Entwicklung der Photo
CD Technologie. Photo CDs werden auch APS-fähig sein,
das heißt, daß das im April 1996 eingeführte Advanced
Photographic System nicht nur eine neue Ära in der Fotografie bedeutet, sondern auch in das Photo CD System inte-
grierbar ist.

*Noch wichtiger
als die physische
Haltbarkeit:
Einbindung in künftige
Standards*

2.11 Die Photo CD Schritt für Schritt füllen

Es ist möglich, die Photo CD zunächst mit einigen Bildern
zu beschreiben und den nicht genutzten Speicherplatz nach
und nach zu füllen. Im ersten Schritt können z. B. 25 KB-Dias
auf die Photo CD übertragen werden, zu einem beliebigen
späteren Zeitpunkt weitere 30 KB-Dias und später nochmals
30, solange bis die Scheibe voll ist. Diese Schritt-für-Schritt-
Beschreibung wird mit Multisessionfähigkeit (Mehrfach-
Sitzungen) bezeichnet. Dabei speichert das Photo CD System
nach jedem abgeschlossenen Schreibvorgang ein Inhalts-
verzeichnis. Nach jeder Ergänzung wird ein neues Inhalts-

*Man kann die Photo
CD auch in mehreren
Schritten füllen.*

Multisessionfähigkeit

verzeichnis unter Berücksichtigung der früheren generiert. Nur mit einem multisessionfähigen CD ROM Laufwerk kann auf alle Bilddaten zugegriffen werden. Das jeweilige, neu ausgedruckte Indexprint zeigt den gesamten Bildinhalt der Photo CD. Da bei jeder Session zwischen 14 und 18 MB für das Abschließen der letzten und den Beginn der neuen Session benötigt werden, sollte man natürlich nicht zu viele Sessions vornehmen lassen.

2.12 Vom Dia oder Negativ in die digitale Welt

Aus einem Foto wird eine Bilddatei

Wie geht das nun vor sich, die Übertragung vom normalen Dia oder Negativ auf die Scheibe? Diesen Service übernehmen Dienstleistungsbetriebe, die über eine Kodak Transferstation verfügen. Dabei wird das Dia oder Negativ mit einem Kodak-Scanner digitalisiert. Die direkte Übertragung kann von Farb- und Schwarzweiß-Negativen oder -dias der Formate Kleinbild (24 x 36 mm) bis 4 x 5 inches (10 x 12 cm)

Abb. 2.5: Photo CD Transferstation. Ganz links der Pro Photo CD-Scanner für Mittelformate. Links neben der Operatorin der KB-Scanner. Rechts neben dem Monitor der Datamanager mit zwei PCD-Writern. Rechts daneben die Duplizierstation und darunter der Thermosublimationsprinter für die Indexprints.

erfolgen. Zunächst erfolgt ein Pre-Scan, eine Vorabdigitali-
sierung. Dabei wird die Vorlage in einer geringen Auflösung
in digitale Werte umgewandelt, damit sie auf dem Monitor
zur Bearbeitung dargestellt werden kann.

Am Korrekturmonitor wird das Bild in zwei Ausführungen nebeneinander gezeigt, damit der Operator das Ergebnis
seiner Korrektur beurteilen kann. Links wird das Ergebnis
ohne Korrektur, rechts mit Korrektur präsentiert. Durch die
Veränderung von Farbe und Helligkeit, Kontrast und Farbsättigung kann das Bild optimiert werden, bevor die Fein-
Bilddaten gescannt, in einen Zwischenspeicher geladen und
schließlich mit einem speziellen Laser-Schreiber auf die
Photo CD gebrannt und die Indexprints gedruckt werden.

Korrekturmonitor

*Abb. 2.6: Der Pro
Photo CD Scanner für
die Formate KB bis
einschl. 4 x 5 inches
und der Möglichkeit,
wahlweise mit 16 oder
64Base Auflösung zu
scannen*

Es gibt professionelle Dienstleister, die diesen Transferservi-
ce ausschließlich für die Bedürfnisse von Profis anbieten. Daneben existiert der Übertragungsdienst für Hobbyfotografen.
Es lohnt sich, die Unterschiede kurz darzulegen.

Beim Amateur Photo CD Dienst werden nur Kleinbildformate übertragen. Viel bedeutsamer ist jedoch, daß aus Preis- und Rationalisierungsgründen keinerlei Bearbeitung oder Korrektur ausgeführt werden. In der Regel werden beim Service für den Hobbyfotografen angelernte Kräfte eingesetzt, die nicht im Farbmanagement ausgebildet sind und lediglich die Aufgabe haben, die technischen Handgriffe des Bildwechsels, das Scannen und Drucken des Indexprints auszuführen. Deswegen wird diese Aufgabe in den Bilderfabriken mehr und mehr durch Automaten übernommen. Teilweise klebt man die Kleinbildfilme zu Rollen zusammen und überläßt den Maschinen den Transfer ganz, analog zur Massenfertigung der Printabzüge. Die Praxis zeigt, daß sich die Lieferzeit dabei nach der Auslastung des Labors richtet und bis zu zwei Wochen in Anspruch nehmen kann.

Im Profi-Labor dagegen erfolgt das Übertragen durch ausgebildete Fachkräfte mit jahrelanger Erfahrung. Das ist deshalb besonders wichtig, weil es bei den Korrekturen auf ein ausgezeichnetes Farbempfinden ankommt. Die Lieferzeit beträgt in der Regel nur ein bis zwei Arbeitstage. Die erste Frage eines beruflichen Anwenders vor dem Transfer sollte daher darauf gerichtet sein, ob das Labor eine ausschließlich für den professionellen Service ausgerichtete Station mit Fachleuten betreibt oder ob Profi- und Amateurarbeiten gemischt bearbeitet werden.

Ein professioneller Photo CD Dienstleister bietet einen persönlichen Kundenkontakt an, damit gegebenenfalls mit dem Anwender Korrekturen am Bildschirm besprochen werden können. Außerdem muß ein Sofortservice mit verläßlicher Terminabsprache verfügbar sein. Das Labor muß auch in der Lage sein, die individuellen Texte und Archivnummern auf die Scheibe zu speichern (siehe Abschnitt 2.17.) Außerdem müssen Mittelformate und hohe Auflösungen bis zu 72 MB je Bild übertragen werden können. Wichtig für professionelle Anwendungen ist die Erweiterung der Workstation um eine spezielle Hard- und Software, mit der neben Farb- und Dichtekorrekturen auch Kontrast- und Farbsättigungskorrekturen in jeder Farbe einzeln ausgeführt werden können.

Seit Juli 1995 ist auch das elektronische Wasserzeichen verfügbar, mit dem ein Zugreifen auf die höheren Auflösungen an bestimmte Voraussetzungen gebunden werden kann (Copyright-Schutz). Näheres dazu in Abschnitt 2.18. Außerdem ist das Fachlabor in der Lage, elektronisch Fehler im Original zu beseitigen, wie z. B. Kratzer und Staubflecken. Damit kann die Qualität, die das Original aufweist, noch verbessert werden.

Korrekturen und Wasserzeichen

Tabelle 2.6: Die Unterschiede zwischen Massen- und Profiscan

	Photo CD Massen-Scan	Photo CD Profi-Scan
Anwender	Fotoamateure	Professionelle Anwender (Verlage, Werbeagenturen, Druckereien, Archive, Profifotografen)
Dia- bzw. Negativformate	Nur Kleinbild (24 x 36 mm)	Kleinbild, 4,5x6 cm, 6x6 cm, 6x7 cm, 6x9 cm, 9x12 cm, 4x5 inch.
Vorlagen	SW- und Farbnegative und Farbdias	SW- und Farbnegative und Farbdias
Farb- und Dichtekorrektur	keine	ja
Maximale Auflösung	16 Base	wahlweise 16 und 64 Base
Medium	Photo CD Master	Photo CD Master Pro Photo CD Master
Lieferzeit	1 bis 2 Wochen	1 bis 2 Arbeitstage
Anbieter	Handel	Profi-Dienstleister
Zusätzliche Korrekturen	keine	Kontrast- und Farbsättigungskorrekturen, auch in jeder Farbe einzeln
Copyright-Einträge	nein	ja
Wasserzeichen	nein	ja
Elektronische Retusche	nein	ja
Preis	ca. DM 1,20/Bild	ca. DM 3,50/Bild (KB) ca. DM 25,-/Bild (Mittelformate)

Es ist eine Selbstverständlichkeit, daß professionelle Dienstleistungen mehr Geld kosten. Der Nutzen rechtfertigt den höheren Preis in jedem Fall, da das meist wertvolle Original ja für alle Anwendungen nur einmal auf die Scheibe gespielt werden muß. Die Photo CD-Scanpreise sind sehr viel niedriger als die Preise für konventionelle Scans. Die folgenden Kriterien sollen eine Hilfestellung für die Auswahl von Photo CD-Dienstleistern geben.

– Farb- und Dichtekorrektur
– Kontrastkorrektur
– Farbsättigungskorrektur
– Kratzerbeseitigung
– Transfer von KB und Mittelformaten bis 4x5 inches
– Sofortservice mit Korrektur im Beisein des Kunden
– 1-2 Tage Lieferzeit
– Wasserzeichen
– Copyright-Eintrag mit separater Einzelkontrolle
– Individuelle Beratung
– Komplettservice (DTP, Druckvorstufe, Multimedia, Vervielfältigung, Pressen mit Labeldruck, Drucksachenherstellung und Konfektionierung)
– Unterstützung durch Praxisseminare

Die Philosophie des Photo CD Transfers

Die Photo CD ist ein digitales Original. Oberstes Ziel für den Transfer muß deshalb sein, alle wichtigen Details originalgetreu zu übertragen, nicht etwa schon beispielsweise Composings etc. durchzuführen. Damit unterscheidet sich die Philosophie des Photo CD Transfers von der Bildbearbeitung, anderen Scannern und der Druckvorlagenherstellung, denn bei diesen Scans ist meist nur das Endprodukt, z. B. das gedruckte Bild im Blickfeld. Mit der Photo CD können dagegen weit mehr Anwendungen realisiert werden. Einer der größten Vorteile ist der Zugriff auf verschiedene Auflösungen bei jedem einzelnen Bild.

Was ist besser: das Originalbild auf die Photo CD speichern lassen oder die bearbeiteten Bilddaten? So fragen heute viele. Die Antwort ist im Grunde einfach: Das Originalbild **und** das bearbeitete Bild auf die CD speichern! Die Grundidee bei der Photo CD ist die Übertragung und Speicherung eines Dias oder Negatives als **digitales Original**. Auf die Bilder einer Photo CD greift man wie auf eine Originalvorlage zu. Veredelnde Bearbeitungen erfolgen danach. Wenn bearbeitete Bilder gespeichert werden, kann man nicht mehr auf das Original zugreifen.

Beispiel: Wenn nur ein Ausschnitt gespeichert wird, kann später nicht mehr auf die weggeschnittenen Bildteile zugegriffen werden. Werden für den Druck bearbeitete Bilddaten gespeichert, dann verzichtet man auf den Farben- und Abstufungsreichtum des Films, den die Photo CD nahezu vollkommen speichern kann.

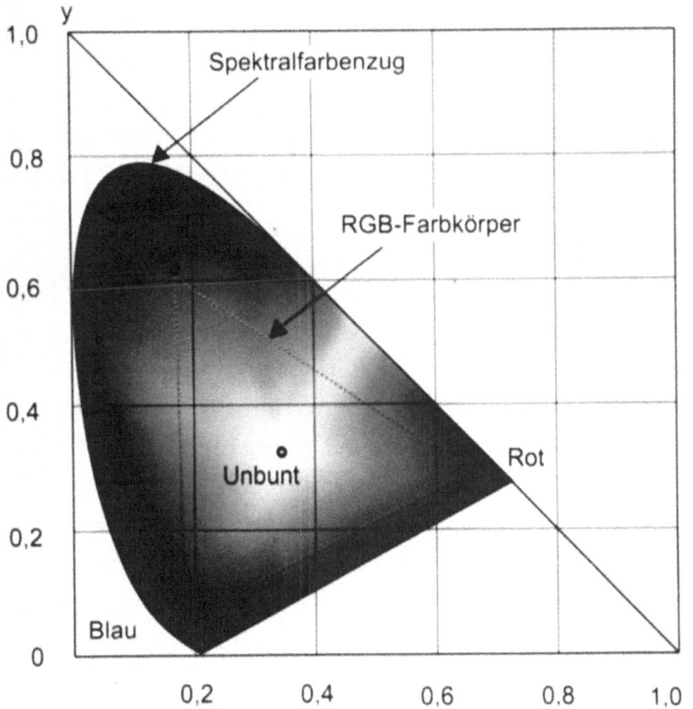

Abb.2.7: Das sichtbare Spektrum.
Der fotografische Film und die davon hergestellte Photo CD können nahezu den ganzen Reichtum an Farb- und Helligkeitsabstufungen darstellen. Dagegen kann der Druck nur einen Teil davon zeigen. Aufgrund dieser Tatsache ist es sinnvoll, im ersten Schritt die gesamte Qualität des Films auf die Photo CD zu übertragen und dann erst zu bearbeiten.

Andererseits will man auch das bearbeitete Bild speichern. Oft wird viel Geld für Bearbeitungen, Composings, Separationen etc. ausgegeben. Die CD ist ein sicheres, haltbares und gleichzeitig preisgünstiges Medium für die Speicherung gerade von Bildgrößen über 10 MB.

Selbstverständlich löst die Photo CD nicht alle Probleme. Ein High-End-Scan für großformatige Drucke ist durch die Photo CD nicht zu ersetzen. Außerdem gibt es auch andere Möglichkeiten, Bilder zu digitalisieren und zu speichern. Es werden viele Scanner und CD-Schreiber angeboten. Dazu kommt, daß die Photo CD oft nur zusammen mit anderen Techniken erfolgreich ist. Die Photo CD allein löst bestehende Probleme in vielen Fällen nicht optimal. Zusammen mit anderen neuen Technologien schafft sie allerdings auf vielen Feldern erhebliche Verbesserungen.

2.13 Der professionelle Transfer: von Profis für Profis

Viel wichtiger als der Computer: die Fachleute

Das Wichtigste ist und bleibt, daß der Transfer von erfahrenen Fachleuten übernommen wird. Die teuerste Anlage nützt nichts, wenn dieser entscheidende Punkt vernachlässigt wird. Die besten Voraussetzungen für diese anspruchsvolle Tätigkeit bringen gelernte Fotofachlaboranten oder Reprofachleute mit, die mehrjährige Erfahrung in der Fachfilterbestimmung haben. Sie verfügen über das notwendige Hintergrundwissen nicht nur im Umgang mit wertvollen Originalaufnahmen, sondern auch über die Praxis der Farb- und Dichtekorrekturen. Im Wesentlichen ist diese Korrekturtätigkeit mit der Filterbestimmung im Fachfotolabor vergleichbar, wo mit additiven oder subtraktiven Filtermethoden Farbstiche und Dichteabweichungen beseitigt werden. Dazu gehört eine Sensibilität für Farben, da sie oft Geschmackssache und damit motivabhängig sind. Beim Photo CD Transfer kommen weitere Korrekturmöglichkeiten hinzu,

Kontrastkorrektur

die in dieser Form im klassischen Fachlabor so einfach nicht möglich waren, zum Beispiel die Kontrastkorrektur

Verbesserung der Farbsättigung

oder die Verbesserung der Farbsättigung. Für diese diffizilen Qualitätsveredelungen ist es notwendig, daß die Transferstation gut gewartet wird. Dazu ist ein täglicher Schärfetest und eine erstklassige Kalibrierung erforderlich, ebenfalls Tätigkeiten, die von Fachpersonal mit einer guten Ausbildung ausgeführt werden müssen. Schließlich braucht die Anlage technische Betreuung durch Spezialisten, die in

Feinmechanik/Optik und im Computerwesen gleichermaßen Erfahrung haben.

2.14 Korrekturen

Fehlbelichtete und/oder farbstichige Vorlagen können bei der Übertragung korrigiert werden. Da die Transferstation auch Korrekturen im Kontrast und in der Farbsättigung ermöglicht, und das in jeder Grundfarbe separat, ist eine genaue Beschreibung der gewünschten Korrekturen für das Personal an der Workstation hilfreich. Bei kritischen Motiven sollte man sich nicht scheuen und verlangen, beim Transfer persönlich die Korrekturen zu leiten bzw. abzunehmen.

Fehler der Originalvorlage korrigieren

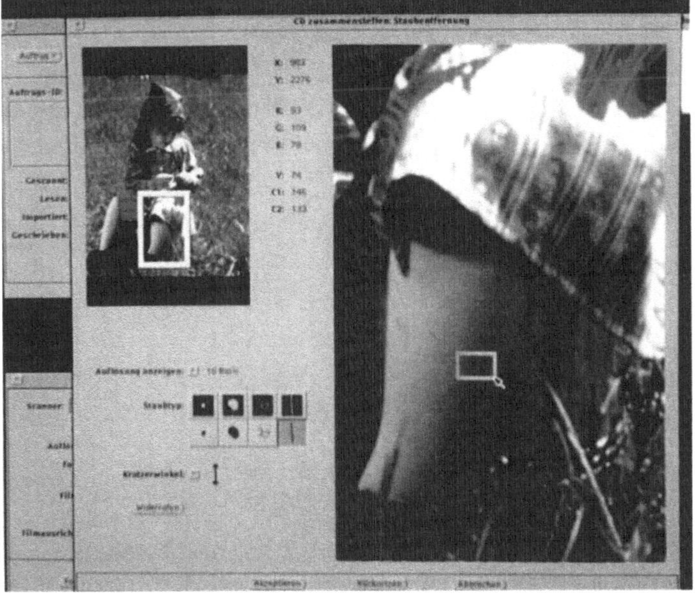

Abb.2.8: Der Korrekturmonitor der PIW (Photo CD Image Workstation)

2.15 Beseitigung von Kratzern im Original

Da beim Übertragen durch einen professionellen Photo CD Scan die Beseitigung von Kratzern und Staubfäden möglich ist, die sich eventuell in der Originalvorlage befinden, sollte ein Vermerk ins Labor gegeben werden, wenn dies ge-

Staubfäden oder Kratzer im Original? Beim Transfer lassen sie sich entfernen

27

wünscht wird. Nach all diesen Optionen ist es gar nicht mehr verwunderlich, wenn die Speicherung des Bildes auf der CD die Qualität des Originals vorteilhaft unterstützt, zur Geltung bringt und sogar anheben und verbessern kann.

2.16 Das Scannen von Ausschnitten auf die Photo CD

Gut überlegen, bevor ein Ausschnitt gescannt wird

Soll ein Ausschnitt gescannt werden? Diese Frage muß sorgfältig geprüft werden, denn einmal abgeschnittene Bildpartien kann die Photo CD später nicht mehr anbieten. Manchmal ist ein Ausschnitt sinnvoll, wenn nämlich sicher ist, daß das Bild optisch bzw. gestalterisch gewinnt und die abgeschnittenen Partien nicht mehr gebraucht werden. Das ist z. B. der Fall, wenn ein Gegenstand vor einfarbigem Hintergrund mit dem Aufnahmeformat 6x6 cm aufgenommen wurde. Hier kann vom Hintergrund ohne weiteres etwas entfallen und der Gegenstand größer abgebildet werden. Wichtig ist zu wissen, daß die Auflösung nicht mit dem Ausschnitt Schritt hält. Wird beispielsweise ein 6x6 cm-Dia mit der 16 Base-Auflösung (Dateigröße 18 MB) gescannt und ein 4x6 cm großer Ausschnitt genommen, beträgt die Auflösung des 4x6 cm-Scans dementsprechend den flächenmäßigen Anteil, in diesem Beispiel also 12 MB. Hier stellt sich die Frage, ob die Vorlage 6x6 cm mit 64 Base zu scannen ist, so daß der 4x6 cm große Ausschnitt immerhin 48 MB erreicht, und damit z. B. ein Druck in einer Größe bis DIN A3 im 60er-Raster ohne Qualitätsverlust möglich wird.

2.17 Das Copyright-Verzeichnis

Beim Photo CD Transfer gleich mit dem Bild verknüpfen und speichern lassen: die eigene Archivnummer

In das Copyright-Verzeichnis können vom Dienstleister beim Ersttransfer nahezu beliebig lange frei definierte Texte eingetragen werden. Diese Möglichkeit – man kann die Copyright-Datei der Photo CD auch Indexfeld nennen – ist für eine Indexierung besonders für den Aufbau von Archiven mit elektronischer Verwaltung (Datenbanken) äußerst interessant.

Vor einem Photo CD Transfer sollte deswegen sorgfältig überlegt werden, ob es nicht sinnvoll ist, Informationen über das Bild auf die Scheibe speichern zu lassen. Das kann die eigene Archivnummer sein, Informationen über Zeitpunkt und Ort der Aufnahme, Bildautor oder sonst frei definierbare Einträge von nahezu beliebiger Länge. Die Kosten dafür halten sich in Grenzen, der Nutzen ist für die Zukunft enorm.

Einträge in die Copyright-Datei sind aus zwei Gründen interessant: Erstens werden damit wichtige Informationen über das Bild ganz individuell gespeichert. Sie sind dann ein für allemal mit diesem Bild verknüpft abgelegt, so wie man sich bisher Vermerke auf der Rückseite eines Fotos, auf der Negativhülle oder dem Diarahmen gemacht hat. Wie schnell ist vergessen, wann und wo das Bild entstand, was genau abgebildet wurde usw.

Zweitens können die eigenen Archivbezeichnungen später für eine Einbindung in eine Datenbank genützt werden. Bilder können in Sekundenschnelle über Suchbegriffe gefunden werden.

Wichtiger Tip: Jedes Bild vor dem Transfer mit einer fortlaufenden Nummer versehen, diese in das Copyright-Verzeichnis eintragen lassen und parallel dazu eine konventionell geschriebene Liste anlegen, die die detaillierten Informationen über das Bild enthalten. Bestehende Archivnummern können ebenfalls in das Copyright-Verzeichnis aufgenommen werden. Damit ist der Grundstock für ein zukunftsorientiertes digitales Bildarchiv gelegt. Eine Realisation dieser enorm wichtigen strategischen Überlegung ist im Abschnitt 6.3 beschrieben.

Mit der Software z. B. Access Plus können die Eintragungen in dem Copyright-Verzeichnis eingesehen werden. Wird das Speichern von Einträgen in die Copyright-Datei beim Ersttransfer versäumt, gibt es später keine Möglichkeit mehr, die Daten auf der Photo CD zu speichern, auch beim Kopieren auf eine Photo CD können keine Einträge mehr erfolgen.

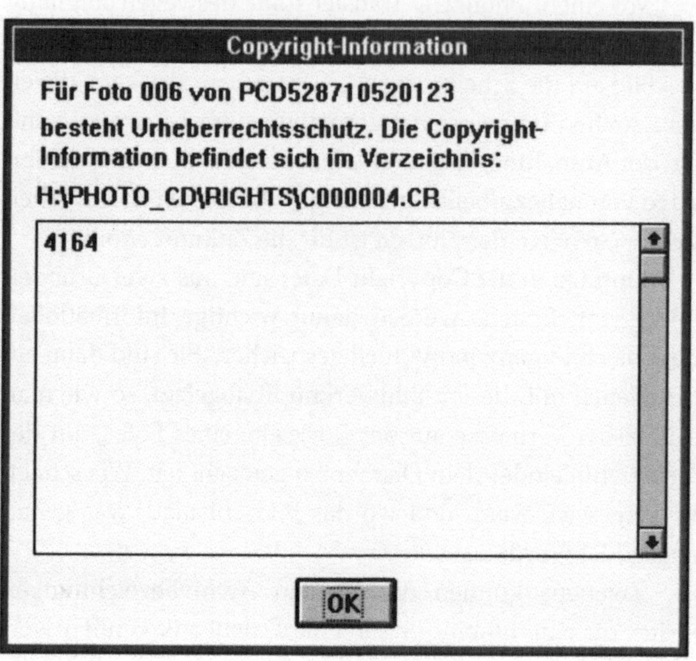

Abb.2.9:

Das Copyright-Fenster

mit dem Eintrag einer

frei definierten

Archivnummer

(hier Nr. 4164)

Der Eintrag in die Co-

pyright-Datei ist nur

beim Ersttransfer

möglich

So wichtig wie

Korrekturlesen: die se-

parate Kontrolle des

Eintrags

Professionelle Labors bieten den Eintragungsservice in
Verbindung mit einer separaten Kontrolle an. Dabei wird
die Übereinstimmung von Motiv und Eintragung der Bildnummer in die Copyright-Datei in einem getrennten Arbeits-
gang geprüft, so wie ein Text Korrektur gelesen wird. Bei der
Arbeit an der Transferstation können selbst bei konzen-
trierter Arbeitsweise Zahlendreher und Tippfehler auftreten,
die später einen Zugriff zum Glücksfall werden lassen. Die
Kontrolle schließt diese Fehlerquelle aus. Die Speicherung
der eigenen Archivnummer kostet nicht viel, erleichtert
spätere Anwendungen bzw. macht sie erst möglich.

2.18 Schutz vor unerlaubter Verwendung

Beim Transfer auf die Photo CD kann ein Schutz vor uner-
laubter Verwendung (Kopierschutz) bestellt werden. Damit
ist es jetzt möglich, daß der Inhaber der Bildrechte die Fotos
an seine Kunden verschickt, ohne daß er z. B. die Möglickeit
zum Druck herausgibt. Die Vergabe des Codes durch den Inhaber der Bildrechte kann selbstverständlich an Bedingungen geknüpft werden. Die Verschlüsselung geschieht auf
Wunsch beim Transfer auf die Photo CD mittels einer Kodak
Photo CD Image Workstation (PIW). Dem Besteller werden
dabei die Decodierungen auf einer 3,5-Zoll-Diskette mitgeliefert. Drei Möglichkeiten der Verschlüsselung (encryption)
werden angeboten:

Kopierschutz

Verschlüsselung der hohen Auflösungsstufen

Die eine Form ist die volle Verschlüsselung. Der Zugriff
ist generell nur mit der Decodierung möglich. Der potentiel-
le Benutzer der Photo CD Bilder kann die Fotos ohne Decodierungsschlüssel weder am Fernseh- noch am Computer-
bildschirm sehen noch auf andere Weise nutzen.

Die zweite Option ist das sogenannte Base/4-Wasserzei-
chen. Es steht nur die Auflösung Base/16, demnach lediglich
die unterste Auflösungsstufe (Grobdaten) zur unverschlüsselten Betrachtung am Monitor und zur Benutzung zur Verfügung. Die Auflösungsstufen Base/4 und Base sind zwar
am Computer- und Fernsehbildschirm zu sehen, aber mit einem „Wasserzeichen" überlagert. Die höheren Auflösungen
(4Base, 16Base und ggf. 64Base) sind zwar auf der Scheibe gespeichert, können aber nur gelesen und exportiert werden,
wenn der richtige Decodierungsschlüssel eingegeben wird.

Die dritte Möglichkeit ist das Base-Wasserzeichen. Es
stehen nur die Auflösungen Base/16 und Base/4 zur unverschlüsselten Betrachtung und Benutzung zur Verfügung, die
Base-Auflösung ist mit einem Wasserzeichen überlagert, die
höheren Auflösungen sind verschlüsselt.

In jedem Fall wird die Verschlüsselung wieder wirksam,
wenn die Bilddatei am Computer geschlossen wird. Beim
nächsten Laden ist erneut die Decodierungseingabe erforderlich. Wird die Entschlüsselungszeichenfolge verloren, gibt es
keine Möglichkeit zur Entschlüsselung mehr.

31

Bei der Verschlüsselung durch den Photo CD Dienstleister gibt es die Option des persönlichen Wasserzeichens, z.B. die Einblendung des Namens des Fotografen, der Bildagentur, eines Logos oder einer Telefonnummer. Das einzublendende Wasserzeichen wird vom Photo CD Dienstleister in das Verzeichnis Watermark der Transferstation importiert. Als Vorlage benötigt er ein Photo CD Bild in Base-Auflösung oder eine reprofähige Zeichnung bzw. Text. Eine 512 x 768 Pixel-TIFF-Datei im RGB-Format auf Diskette wird ebenfalls akzeptiert.

Die Verschlüsselung ist sehr sicher. Sie wird mittels eines Zufallsgenarators ohne Eingriffsmöglichkeit durch den PIW-Dienstleister vom System vergeben und besteht aus einer zehnstelligen Zeichenfolge. Nur wenn diese vom Anwender korrekt eingegeben oder über die Diskette importiert werden, ist der Zugriff auf die höheren Auflösungsstufen möglich. Die Verschlüsselung wird auch beim Kopieren der Photo CD und beim Pressen weitergegeben. Damit können Fotos preisgünstig und geschützt an einen großen Interessentenkreis verteilt werden, ohne daß eine unerlaubte Nutzung der Feindaten möglich ist. Die Codenummern können bei Bedarf per Telefon oder Fax übermittelt werden, wenn die Bedingungen des Inhabers der Bildrechte erfüllt sind, z. B. wenn ein Honorar bezahlt oder ein Hinweis auf den Fotografen bzw. Rechteinhaber mitveröffentlicht wird.

Die Fotos 1 – 4 auf der diesem Buch beiliegenden CD sind mit dem Base-Wasserzeichen verschlüsselt. Zum Decodieren ist die Software Kodak Access Plus (ebenfalls auf der CD) und die Decodierungen notwendig. Die Vorgehensweise des Decodierens mit Access plus wird im Abschnitt 3.5.11 beschrieben. Dort sind auch die Code-Nummern zum Entschlüsseln der oben erwähnten Fotos 1 – 4 zu finden.

Abb. 2.10: Beispiel für ein Pressebild mit Wasserzeichen

Das nachträgliche Speichern einer Codierung ist sogar dann noch möglich, wenn von einer unverschlüsselten Photo CD eine Kopie angefertigt wird.

Wasserzeichen noch nachträglich möglich

KODAK_PIW-7273-66a8-3173-8f1b ***UDZxwzy6A** 566116221705   6

Abb. 2.11: Beispiel für eine Decodierung: Mit den fettgedruckten 10 Zeichen kann im Programm Kodak Access Plus die Abb. 2.10 entschlüsselt werden

Bearbeiten

3.1 Farbgrundlagen

Wer mit Farbbildern umgeht, muß einiges über Farben wissen. Das gilt im Fotostudio, in der Werbeagentur, im Fachfotolabor genauso wie in der Druckvorstufe und Druckerei, natürlich auch im Umgang mit dem Computer.

Heute ist es wichtiger denn je, daß die einzelnen Spezialisten gut über Farbe und Colormanagement (siehe Abschnitt 3.2) Bescheid wissen, weil ja die neuen Technologien mit offenen Systemen arbeiten, die die bisher vorhandenen Grenzen der einzelnen Berufssparten auflösen.

Farberkennung ist in erster Linie eine menschliche Eigenschaft. Licht löst diesen Vorgang zwar aus, aber erst im Gehirn entsteht der Sinneseindruck Farbe. Alle Maßnahmen, in Fotografie, Grafik und Druck gute Farben zu erzielen, müssen sich daher an dem orientieren, was der normalsichtige Mensch als gut empfindet. Dabei können wir zunächst alle technischen, wissenschaftlichen und mathematischen Abhandlungen zurückstellen. Wichtig ist im Ergebnis nur das, was der Betrachter empfindet, wobei natürlich auch die Bedingungen am Ort der Betrachtung einbezogen werden müssen. Was nützt das beste Wissen über Colormanagement, wenn der Betrachter das Bild in einer Umgebung ansieht, die die Farben als mißlungen erscheinen lassen.

Damit eine gemeinsame Terminologie unter den Fachleuten möglich wurde, hat eine internationale Kommission 1931 einen Standard geschaffen. Diese Kommission hat den

Mit wenig grauer Theorie: Grundlagen für das Verständnis der Farbe

Sinneseindruck Farbe

Namen „Commission Internationale de l'Eclairage" (CIE), Internationale Beleuchtungskommission. Sie schuf zunächst eine zweidimensionale Normfarbtafel und 1976 ein dreidimensionales Bezugssystem namens CIELAB. L steht dabei für die Helligkeit mit Skalenwerten von 0 bis 100, A und B sind die Definitionen von Farbton und Farbsättigung. Mit CIELAB wird versucht, die empfindungsgemäße Gleichabständigkeit im Farbenraum herbeizuführen. So ist es möglich, daß gleiche Abstände innerhalb des Farbenraums vom Auge als gleiche Farbunterschiede empfunden werden. Auf Basis dieser geräteunabhängigen Standards war es nun möglich, Reproduktionssysteme zu entwickeln, mit denen die Helligkeit, die Farbsättigung und der Farbton unabhängig voneinander korrigiert werden können.

*Farbton, Farbsätti-
gung und Helligkeit*

Beim Betrachten einer Farbe fallen uns drei wichtige Merkmale auf: der Farbton, die Farbsättigung und die Helligkeit. Der Farbton ist leicht zu erklären. Wir unterscheiden rote, purpurne, blaue, blaugrüne, grüne, gelbe Farbtöne usw. Der Begriff Farbsättigung bezieht sich auf die Reinheit der Farben. Die Farbe hat eine maximale Sättigung, wenn sie am

Farbkörper

„Äquator", also außen im Farbkörper liegt (siehe Abb. 3.1). Je weiter sie ins Innere rückt, desto geringer ist die Reinheit. In der Mitte ist das Verhältnis der Farben ausgeglichen. An dem Punkt, an dem alle Grundfarben gleiche Anteile aufweisen, erhalten wir Unbunt, also Grau. Wenn z. B. zu einem aus Rot und Grün gemischten Gelb sukzessive Blau hinzugegeben wird, entstehen Gelbabstufungen von geringerer Reinheit und damit von geringerer Sättigung.

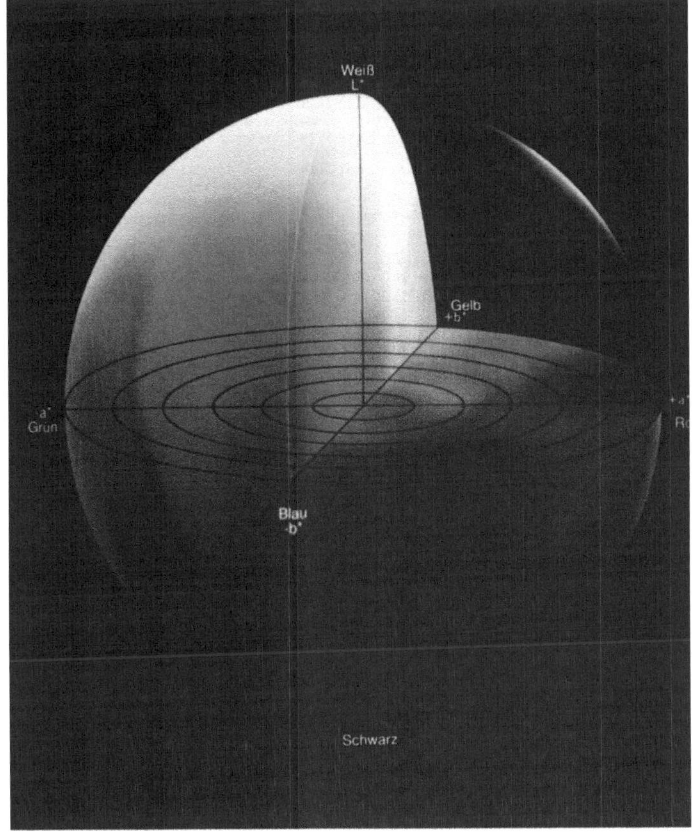

Abb. 3.1:

Der CIELAB-Farbraum

Auf dem „Äquator" liegen die reinen Farbtöne. Die Helligkeit wird durch die Nord-Südachse dargestellt. Am „Nordpol" liegt Weiß, am „Südpol" Schwarz, im Zentrum der Kugel Grau, also unbunt.

3.2 Colormanagement

Unter diesem Begriff versteht man alle Maßnahmen, Farben so zu beeinflussen, daß das Ergebnis den gewünschten Erwartungen entspricht. Warum ist Colormanagement so aktuell geworden? Die Anwender traditioneller Reprosysteme, die Fachfotografen und -labors hatten in der Vergangenheit damit wenig Probleme. Da sie sich in geschlossenen Systemen bewegten, hatten sie ihre Qualitätsparameter im Griff.

Die Verantwortung

für die Farbqualität

Der Käufer eines Druckvorstufensystems hatte kaum die Möglichkeit, unter Software, Scannern, Monitoren oder Ausgabegeräten verschiedener Hersteller zu wählen. Fachfotografen kannten ihr Studio, ihre Kamera, ihre Objektive, ihren Film und ihre Filmentwicklung oder die Entwicklung ihres Dienstleisters. Die neuen Technologien erfordern auch hier eine Öffnung. Wir leben in einer Welt der gebrauchsfertigen Software und der offenen Systeme. Damit verlagert sich auch das Qualitätsproblem.

Veränderte Verantwortung für die Qualität der Ergebnisse

Früher war beispielsweise die Lithoanstalt für die Herstellung der Druckfilme allein verantwortlich. Heute ist durch die Übernahme dieser Tätigkeit durch Nichtreprofachleute auch die Qualitätsverantwortung offener geworden. Oder: wenn ein Fotograf seine Bilder in digitaler Form – sei es über eine Photo CD, über seinen Scanner oder von seiner Digitalkamera – weitergibt, muß er wissen, was mit der nächsten Bearbeitungsstufe erreicht werden soll und wo Probleme auftauchen können. Schließlich ist er für das Ergebnis mitverantwortlich. Das beginnt mit den Kenntnissen über den Farbumfang der verschiedenen Darstellungsformen. Das Ideal stellt natürlich die Leistungsfähigkeit des menschlichen Auges dar. Gäbe es Farbfilme, Scanner, Monitore und Drucker, die den Farbumfang auf Bildern darstellen könnten, wie wir sie in der Realität sehen, wären die Probleme gelöst. Das ist aber nicht der Fall. Schon der fotografische Farbfilm kann im Vergleich zum gesamten sichtbaren Spektrum nur einen Teil darstellen. Der fotografische Film ist aber das Medium mit den Eigenschaften, das dem sichtbaren Spektrum am nächsten kommt.

Überlegt man nun, Bilder zu digitalisieren, ergibt sich daraus ganz einfach die Notwendigkeit, Originaldia oder -negativ zu verwenden und nicht Bilder, die schon für den Druck aufbereitet sind. Denn damit würde man auf einen Qualitätsumfang verzichten, auf den man später vielleicht wieder zurückgreifen möchte. Ist das Original einmal z. B. auf der Photo CD gespeichert, können von dort aus alle Anwendungen abgenommen werden, denn die Photo CD übernimmt den gesamten Farb- und Tonwertumfang des Films.

3.3 Auf dem Monitor war mein Bild noch in Ordnung...

Genauso wie in der Fotografie Lichtfarbe, Filmtyp, Emulsion, Objektiv, Filmentwicklung usw. Einfluß auf das Diapositiv oder Negativ haben, gibt es auch bei der digitalen Bildverarbeitung viele qualitätsrelevante Faktoren. Computer-Bildschirme unterscheiden sich in Helligkeit, Kontrast und Farbtemperatur. Deswegen kann z. B. ein und dasselbe Bild von derselben Photo CD auf verschiedenen Monitoren ganz unterschiedlich ausfallen. Jeder Drucker, jeder Belichter, jede Druckfarbe, jedes Papier, jede Druckmaschine können für Abweichungen vom Wunschziel verantwortlich sein, vom Faktor Mensch ganz zu schweigen. Daher ist es wichtig, sich Partner zu suchen, die sich auf die Anforderungen des Kunden einstellen und mit denen die angestrebten Resultate abgestimmt werden können.

Im weiteren wird beschrieben, mit welchen Mitteln die Bildqualität gesteigert werden kann und welche einfachen Möglichkeiten der Bild-Textintegration am PC zu sicheren Ergebnissen führen.

Viele Faktoren haben Einfluß auf das Ergebnis

3.4 Einfaches Bearbeiten: Bild-Textintegration mit der Kodak Photo Insert Software

Wer hat sich nicht schon immer gewünscht, informative und ansprechende Mitteilungen, Prospekte, Briefe usw. selbst zu gestalten, mit farbigen Bildern zu versehen und herstellen zu können? Auf der beigefügten CD ist unter anderem auch die Kodak Digital Science Photo Insert Software (KPI) verfügbar, mit der man diesem Ziel ein großes Stück näherkommt. Wenn die Software installiert ist, wird nur noch eine Photo CD benötigt. Das Programm bietet fertig gestaltete Vorlagen an, in die die Bilder mit einem Doppelklick eingefügt werden können. Statt des Blindtextes wird der individuelle Text eingesetzt. Entspricht keine der fertigen Gestaltungsvorlagen den eigenen Wünschen, kann man seine Kreationen umsetzen.

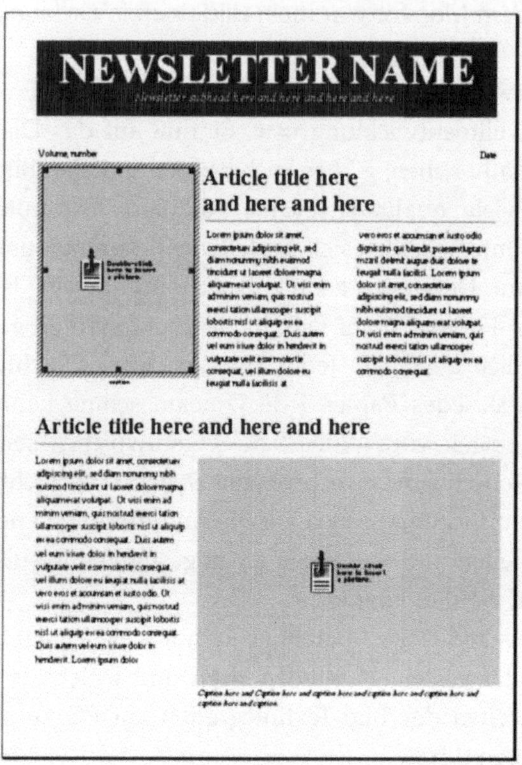

*Per Doppelklick:
Bilder selbst in Texte
einfügen.
Das Programm dazu
befindet sich auf der
beigefügten CD*

Die Photo CD Dienstleister speichern seit März 1996 neben den Fotos die KPI-Software **kostenlos** auf der Photo CD. Sie ermöglicht eine einfache Bild-Textintegration in Microsoft Word, Works, Publisher oder Novell Wordperfect. Die Besitzer einer solchen Photo CD können die Bilder nur mit einem Doppelklick direkt von der Photo CD in ihre Texte einsetzen. Diese Software stellt dafür eine Vielzahl von Layouts dafür zur Verfügung. Ist das gewünschte Layout ausgewählt, wird der individuelle Text hinzugefügt. Anschließend wählt der Anwender sein Bild von der Photo CD, entscheidet über den Ausschnitt und fügt es in das vordefinierte Feld in seinem Dokument ein. Dieses komfortable Einfügen von Bildern in Texte wird eine weitere Verbreitung von bebilderten Anwendungen fördern.

Abb. 3.3:
Fertiggestaltete
KPI-Seite

3.4.1 Anwendungsbeispiele

Jeder, der ansprechende, bebilderte Publikationen in kleinen Auflagen selbst gestalten, drucken und verteilen will, kann die KPI-Software vorteilhaft einsetzen.

Beispielhaft seien genannt: Immobilienmakler können Objekte innen und außen fotografieren und schnell die Bild- und Textinformationen versenden. Architekten, Agenturen, Firmen, Vereine, PR-, Öffentlichkeitsarbeits- und Personalabteilungen bringen Informationen mit Farbbildern aus dem PC in Umlauf. Schüler und Studenten können Berichte und Reportagen produzieren. Auf Messen können aktuelle bebilderte Informationen für die Besucher vor deren Augen ausgedruckt werden. Schließlich kann auch der Privatanwender Briefe, Reiseberichte, mit diesem Programm bereichern.

3.4.2 Systemvoraussetzungen

Die Photo Insert Software KPI wird vom Computer nur dann installiert, wenn folgende Mindestvoraussetzungen gegeben sind:

Windows

Windows 95 wird von der KPI-Software erst ab Sommer 1996 unterstützt

80486 SX/33 MHZ Prozessor oder größer, Windows 3.1 oder Windows for Workgroups, (Windows 95 wird in einer für Sommer 1996 geplanten Version unterstützt), 8 MB RAM, 12 MB virtueller Speicher, Photo CD kompatibles CD ROM Laufwerk. Außerdem muß eines der folgenden Programme vor dem Set-up installiert sein: Microsoft Word 6.0, Microsoft Works 3.0, Microsoft Publisher 2.0 oder Novell Wordperfect 6.1. Ferner werden eine Photo CD und ein guter Farbdrucker benötigt.

Macintosh

68040 Prozessor, Systemsoftware 7.5, 12 MB RAM, Photo CD kompatibles CD ROM Laufwerk. Ferner werden eine Photo CD und ein Drucker benötigt.

3.4.3 Installation und Deinstallation

Windows 3.11

– Beigefügte CD ins CD ROM Laufwerk einlegen
– Programm Manager, entsprechendes Laufwerk anklicken
– auf *Programm* klicken
– Doppelklick auf *win* und auf *kpi*
– Doppelklick auf das Programm *setup.exe*

Windows 95

Einstieg über *Explorer*, dann wie oben beschrieben fortfahren

Macintosh

– Doppelklick auf das CD Symbol, das nach dem Einlegen der CD erscheint.
– Doppelklick auf APPS
– Doppelklick auf _MAC_
– Doppelklick auf KPI_V11
– Doppelklick auf INSTALL.KPI

Für alle Systeme: Deinstallation über Doppelklick auf *uninstall.exe*

3.4.4 KPI benutzen

KPI bietet zunächst eine Anzahl von Gestaltungsvorschlägen an. Durch klicken öffnet sich der Vorschlag (Layout). Doppelklickt man auf ein Insert-Feld, öffnet sich automatisch ein Kontaktabzug der CD, die sich im CD ROM Laufwerk befindet. Das gewünschte Bild wird angeklickt. Es öffnet sich ein Bearbeitungsfenster. Das Bild kann gedreht, gespiegelt und gezoomt werden. Durch Anklicken der Taste Einfügen wird das Bild in Sekundenschnelle in das Textfeld eingefügt. Der Text wird eingegeben, die Seite gespeichert und gedruckt.

Bis zu 3000 Bilder können in niedriger Auflösung gespeichert werden. Wenn sich das ausgewählte Foto nicht auf der CD befindet, die im Laufwerk ist, verlangt das System die richtige CD. Es ist sinnvoll, alle für eine Anwendung benötigten Bilder auf derselben CD zur Verfügung zu haben, sonst verlangt die KPI-Software mehrmals die jeweils nicht im Laufwerk befindliche zweite Scheibe. Das ist lästig. Erst beim Drucken wird auf die entsprechende Auflösung zugegriffen.

Die Kreation von eigenen Vorlagen
Das Gestalten von Vorlagen nach eigenen Vorstellungen geschieht in folgenden Schritten:
– Textverarbeitungsprogramm, z. B. *Word* starten
– *Datei/Neu* wählen
– Die Seite gestalten. Dabei kann ein vorher skizziertes handschriftliches Layout hilfreich sein.
– *Einfügen/Objekt* klicken. Objekttyp: *Kodak Photo Insert Image.* Ein Insert-Bildfeld erscheint auf der Seite.
– Das Insert-Bildfeld plazieren und skalieren. Ggf. weitere Bildfelder einfügen.
– Die fertige Vorlage wird gespeichert: *Datei/Speichern unter.../c:kpi Template.* Dem Dokument wird ein individueller Name gegeben, unter dem wir es leicht wiederfinden kön-

Individuelle Gestaltung von Vorlagen mit der KPI-Software

nen. Nach dem Namen erfolgt der Zusatz `.dot`, z. B. `pro-spekt.dot`. Dieser Zusatz (*Punkt/dot*, dabei bedeutet dot: **do**cument **t**emplate) ist wichtig, damit das Programm die Vorlage richtig speichern kann.

– *Datei/Beenden.*

– Durch das Neustarten der KPI-Software wird die eigene Vorlage installiert. Zusätzlich zur Statusanzeige *Mustervorlagen* ist nun auf dem Startmonitor *Eigene Vorlagen* wählbar. Die einzelnen eigenen Vorlagen unterscheiden sich nur durch die vergebenen Namen, nicht aber durch kleine Abbildungen der Gestaltungen wie bei den Mustervorlagen.

Tips für gute Resultate
Gute Resultate werden erzielt, wenn größere Bilder gedruckt werden. Die Qualität hängt wesentlich vom Drucker und vom verwendeten Papier ab. Die besten Ergebnisse werden auf Hochglanzpapier und der entsprechenden Druckereinstellung erzielt (viele Drucker bieten die Optionen Präsentationsqualität, Normalqualität und Eco-Fast-Qualität und die Auswahl aus mehreren Papier- bzw. Folienqualitäten an). Leider ist das Hochglanzpapier noch relativ teuer. Man wird daher für Auflagen auf Normalpapier zugreifen, das allerdings keine Fotoqualität bietet. Mit dem Drucker HP 850 C, der über eine neue Tintenstrahltechnik verfügt, – auf ein und dieselbe Stelle können bis zu drei Farbpunkte gesprüht werden – lassen sich nahezu fotorealistische Qualitäten erzeugen. Welcher Drucker auch immer verwendet wird, die richtigen Einstellungen und Wartungsarbeiten sollten dem Handbuch entnommen werden. Gerade die unschöne Streifenbildung bei Tintenstrahlern kann z. B. beim HP Deskjet 1600 C durch eine einfache Reinigung auf ein Mindestmaß reduziert werden. Die Druckgeschwindigkeit bei den erwähnten Modellen ist nicht gerade hoch: Der Erstdruck dauert rund zwei Minuten, bei Auflagen wird jede Minute ein Blatt ausgegeben. Für die beschriebenen Zwecke und kleine Auflagen bis 100 Stück reicht das zunächst aus.

3.5 Das Programm Kodak Photo CD Access Plus

Auf der beigefügten CD befindet sich das Programm Kodak Photo CD Access Plus, Version 3.0 für Macintosh und Version 2.3 für Windows, jeweils auf deutsch. Englische und französische Versionen sind über einen Photo CD Dienstleister zu erhalten. Die Software bietet folgende Funktionen:

Programm Access Plus

Die Software kann auf Photo CD Bilder zugreifen und sie als sogenannten **Kontaktabzug** laden. Dabei werden die auf einer Photo CD befindlichen Bilder in Briefmarkengröße auf dem Bildschirm dargestellt. Mit einem Mausklick können einzelne Bilder aus dem Kontaktabzug ausgewählt, in größerem Format geladen und am Monitor angezeigt werden. Ein **Ausschnittfenster** erlaubt es, das Bild zu beschneiden. Für die Planung der richtigen Auflösung für die **Druckvorstufe** bietet das Ausschnittfenster eine intelligente Hilfe an. Die Bilder können weiterhin in kleinem Umfang bearbeitet, z. B. gedreht und gespiegelt werden. Ferner kann das Programm Einblick in das **Indizierungsfeld** (Copyright-Datei) geben. Schließlich ist es mit Access Plus möglich, Wasserzeichen und Verschlüsselungen zu dekodieren. Außerdem können die Photo CD-Bilder in allen auf der Scheibe befindlichen Auflösungen in andere Dateiformate **exportiert** werden (BMP, EPS, PCX, RIF, TIFF und TIFF YCC).

Die auf der Buch-CD gespeicherten Versionen der Access Plus verfügen über die neueste Version der Kodak Precision Color Management Systemsoftware, die ebenfalls Voraussetzung für den Export in CMYK ist. Zusammen mit Access Plus sind dem Leser auf der CD **Bilder für Präsentationszwecke** zur Verfügung gestellt. Eine Online-Dokumentation unterstützt die Anwender und erlaubt eine komfortable Nutzung dieses Programms.

Mit dem Programm Access Plus auf die Photo CD Bilder zugreifen. Die Software liegt auf der im Buch befindlichen CD

3.5.1 Installation

Kurzanleitung für Windows 3.11
(ausführliche Informationen befinden sich auf der CD im Verzeichnis Access DOCS Readme).
– Beigefügte CD ins CD ROM Laufwerk legen
– *Programm-Manager* oder (bei Windows 95) *Explorer* aufrufen
– Doppelklick auf den Laufwerksbuchstaben (z. B. d)
– Ordner *Programm* anklicken
– Doppelklick auf *win* und *access*
– Doppelklick auf das Programm *setup.exe*
Das Programm wird nun auf die Festplatte installiert. Wenn die Software nicht auf der Festplatte installiert werden soll, kann sie von der CD aufgerufen werden, indem *PCDVIEW* für Access oder *PLAYER* für den Player angeklickt wird.

3.5.2 Voreinstellungen

Über das Menü *Datei* gelangen wir in das Fenster *Voreinstellungen,* das uns Optionen anbietet, getrennt für den Kontaktabzug, die Bilder und für die maximale Größe des benötigten Speicherplatzes.

Der Kontaktabzug verschafft den Überblick

Im **Kontaktabzugfenster** kann eingestellt werden, ob ein Kontaktabzug automatisch geöffnet werden soll oder nicht. Das dauert je nach der Anzahl der auf einer Photo CD gespeicherten Bilder z. T. etliche Minuten. Verfügt man über den Indexprint, ist diese Funktion entbehrlich, weil das gewünschte Foto direkt angewählt werden kann. Im Kontaktabzugfenster kann weiter gewählt werden: die Größe der Kontaktbilder, die Darstellung der Kontaktbilder in Farbe oder schwarzweiß (hat keinen Einfluß auf die Ladezeit) und die Art der Darstellung der Kontakte auf dem Monitor (wieviel Spalten). Eine Taste „Werkseinstellungen" führt zu einer vom Hersteller empfohlenen Kombination.

Außerdem gibt es (wohl mehr zum Spielen) eine Farbauswahl für die Rahmen der Kontaktbilder. Man kann aus einer großen Anzahl von Farben die persönliche Kombination für die Rahmen, den Hintergrund, die Hervorhebung des markierten Bildes und die Schrift für den Kontaktabzug wählen. Folgende Einstellungen sind empfehlenswert: Rahmen dunkelgrau, Hintergrund hellgrau, Hervorheben des markierten Kontaktabzugs rot, Text schwarz.

Im Fenster **Photovoreinstellungen** kann über die Auflösung und die Anzahl der Farben für das Laden der ausgewählten Bilder entschieden werden.

Photovoreinstellung

Wenn der Systemspeicher im unteren Teil der empfohlenen Konfiguration liegt, kann die Leistung des Systems erhöht werden, indem man mit kleineren Bildformaten auf dem Monitor arbeitet. Hochauflösende Bilder zu exportieren, erfordert weniger Speicher, als sie zu laden.

Im Fenster **Bild-Cache** kann der PC für die Arbeit mit sehr großen Bildern optimiert werden. Das Laden großer Photo CD Bildformate benötigt erheblichen Speicherplatz:

Bild-Cache

Tabelle 3.1: Speicherbedarf

Format (Pixel)	ungefährer Speicherplatz (MB)
128 x 192	0,075
256 x 384	0,3
512 x 768	1,2
1024 x 1536	4,7
2048 x 3072	19
4096 x 6144	80

Um Bilder anzuzeigen, muß der PC über eine Kombination von RAM und Disk-Cache verfügen, die größer als das Format des Bildes ist. Im Abschnitt *Bild-Cache* im Dialogfeld *Voreinstellungen* kann die Zahl im Feld *Maximale Größe* erhöht werden.

Speicherplatz optimieren

Um festzustellen, wieviel Speicher für die Windows Software zur Verfügung steht, wählt man im Programm- oder Dateimanager die Option *Info* aus dem Menü *Hilfe*. Das Dialogfeld zeigt an, ob sich Windows im erweiterten oder im

Standardmodus befindet. Im Standardmodus steht nur das RAM des Systems abzüglich des vom Programm SMARTDRV.EXE, dem übrigen Betriebssystem und anderen Treibern belegten Speicherplatzes zur Verfügung. Besser ist es deswegen, in den erweiterten Modus zu wechseln. Weitere Details dazu bietet Access plus in der Datei *Readme.txt* an.

3.5.3 Die Werkzeugleiste

Access lädt automatisch eine Befehlsleiste mit Icons. Sie enthält Symbole für verschiedene Funktionen, die sonst über das Menü und Pulldown-Menüs angewählt werden müßten.

Die Icons bedeuten von links nach rechts: Kontaktabzug laden, Photo öffnen, Exportieren, CMYK-Export, Entschlüsseln, Voreinstellungen, Kopieren, Ausschnittfenster ein- oder ausblenden. Aus dem Menü Bearbeiten kann die Leiste ein- und ausgeblendet werden.

3.5.4 Kontaktabzug

Nun laden wir den Kontaktabzug der Demo CD. Genauso können wir einen Kontaktabzug jeder anderen Photo CD laden. (Bei Einstellung Kontaktabzug automatisch laden im Menü Voreinstellungen werden die Bilder der Photo CD auf dem Monitor angezeigt, die sich gerade im Laufwerk befindet.)

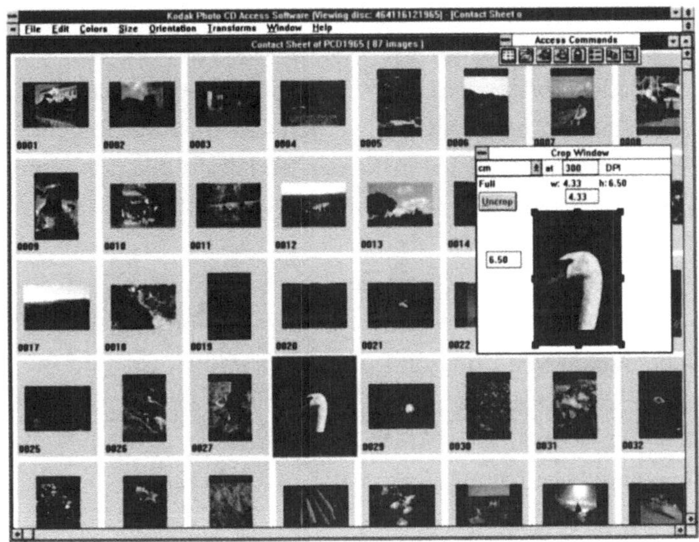

Abb. 3.5:
Der Kontaktabzug
von Access Plus

Durch einfaches Klicken wählt man ein Bild aus. Geht man in diesem Modus auf *Datei/Info*, öffnet sich ein Informationsfenster. Es gibt Auskunft über den Typ und die Nummer der Photo CD, den Zeitpunkt, wann das Bild gescannt wurde, das Filmmaterial des Originals, z.B. Dia oder Negativ, den Scannertyp und den Dienstleister, der das Bild auf die Photo CD übertragen hat. Diese Angaben können nützlich für eventuelle Beanstandungen sein.

3.5.5 Einblick in die Copyright-Datei

Verweilen wir noch einen Moment bei diesem Infofenster und klicken auf die Taste *Copyright* (auf die große Bedeutung des Eintrags, der nur beim Ersttransfer möglich und für jede Art von individuellen, mit dem Bild zu verknüpfenden Hinweisen geeignet ist, wurde im Abschnitt 2.17 hingewiesen). Es öffnet sich das Copyright-Fenster und wir können dort eingetragene Informationen einsehen.

Die Copyright-Datei
erschließen

In die Copyright-Datei gelangt man noch auf eine andere Weise: Um zu sehen, welche Informationen im Indexfeld abgelegt sind, doppelklicken wir ein Bild aus dem Modus Kontaktabzug an. Nach dem Ladevorgang ist über dem Bildfenster eine ©-Taste zu sehen. Wird sie angeklickt, öffnet sich wiederum das Copyright-Fenster. Die dort eingetragenen Informationen können markiert und in die Zwischenablage zur Weiterbearbeitung exportiert werden. Dazu ist der folgende Weg zu beschreiten, der in keiner Kodak-Publikation, sondern nur in diesem Buch beschrieben wird:

– Kontaktabzug laden

Inhalt der Copyright-Datei exportieren

– Gewünschtes Bild einmal anklicken (Bitte beachten: nur einmal anklicken. Der hier beschriebene Vorgang funktioniert nicht, wenn das Bild über Doppelklick geladen und das Copyright-Fenster über den ©-Button geöffnet wird.)

– Über *Datei/Info* ins Informationsfeld gehen

– Im Info-Feld *Copyright-Informationen* anklicken

– Den gewünschten Text – das kann die Bildlegende sein – mit der Maus markieren

– Die Taste STRG drücken und halten, die Taste C drücken.

Nun ist das Bild in der Zwischenablage gespeichert. Wird die Textverarbeitung, z. B. Word geladen, kann der zuvor markierte Inhalt der Copyright-Datei durch anklicken des Icons *Einfügen* in eine Textseite integriert und anschließend editiert werden. Leider generiert die Photo CD Transferstation des Dienstleisters beim Eintragen in die Copyright-Datei keine Umlaute. Sie müssen im Word-Text korrigiert werden. Eine praktische Anwendung des hier beschriebenen Vorgangs findet sich im Abschnitt 6.6.

3.5.6 Fotos auswählen und laden

Ausgewählte Bilder laden

Da auf dem Monitor in der Regel nicht alle Kontaktbilder Platz finden, wird der Rollbalken eingesetzt, um die jeweils nicht sichtbaren Motive erscheinen zu lassen. Mit einem Einfachklick erscheint das ausgewählte Foto im Ausschnittfenster, mit Doppelklick wird es geöffnet. Über die dabei zu verwendende Auflösung können wir über das Menü Größe entscheiden und damit auf die Zeitdauer des Öffnens Einfluß nehmen. Normalerweise reicht die Auflösung bzw. Größe von 256 x 384 Pixel aus.

Ein Bild kann aber auch ohne Kontaktabzug geöffnet werden. Aus dem Indexprint wird das Foto ausgewählt und über
das Menü *Datei/Photo(s) laden* geladen. Dies ist die schnellste
und speicherplatzsparendste Option.

3.5.7 Das Ausschnittfenster

Beim Laden eines PCD-Images erscheint auf dem Monitor *Ausschnitte festlegen*
ein Ausschnittfenster. Durch Heranfahren mit der Maus an
einen der im Rahmen befindlichen kleinen schwarzen Qua-
drate können wir den Mauspfeil in ein Doppeldreieck ver-
wandeln. Halten wir nun die Maustaste gedrückt und bewegen den Cursor ins Bild, dann läßt es sich von allen Seiten beschneiden. Das linke Bild auf dem Monitor zeigt nach dem
Loslassen der Maustaste das Ergebnis. Diese Funktion ist
deswegen sinnvoll, weil nur der ausgeschnittene Teil exportiert wird und damit Rechnerzeiten und Speicher gespart
werden können.

3.5.8 Hilfe für die Druckvorstufe

Das Ausschnittfenster hat noch eine andere Funktion, die für *Intelligente Einrich-*
die Druckvorstufe von erheblicher Bedeutung und in den *tung für die Planung*
Kodak-Publikationen nicht erwähnt ist. Wir können nämlich *der Druckgröße*
erfahren, bei welcher Auflösung das Bild ohne Qualitätsverlust im Rasterdruck gedruckt werden kann. Wichtig dabei ist,
zu wissen, welche dpi-Zahl zu welcher Rasterweite gehört.
Es gibt eine einfache Merkregel: 300 dpi entsprechen dem
60er, 400 dpi dem 80er und 500 dpi dem 100er Raster. Stellen
wir nun die gewünschte dpi-Zahl im Ausschnittfenster und
die Maßeinheit in cm ein, wählen über das Menü *Größe* die
Auflösung und entscheiden über die Ausschnittgröße, so
zeigt das Ausschnittfenster genau an, wie groß das Bild ohne
Qualitätsverlust gegenüber dem High-End-Scan gedruckt
werden kann.

Hier ein Beispiel für eine Rasterweite von 60 lpcm (60er-
Raster), der Bildgröße von 1024 x 1536 Pixel (entspricht der 4

Base-Photo CD Auflösung), mit Ausschnitt wie in Abb. 3.6 ersichtlich. Druck ohne Qualitätsverlust ist bei dieser Einstellung bis 13 x 8,67 cm möglich. Wie im Bild zu sehen, stellt der Photo CD Scan bei diesem Foto noch zwei höhere Auflösungsstufen (2048 x 3072 und 4096 x 6144 Pixel) zur Verfügung. Durch einfaches Anklicken dieser Auflösungen gibt das Ausschnittfenster Auskunft über die maximale Druckgröße auch bei den höheren Auflösungsstufen. Zu beachten ist, daß im Ausschnittfenster die richtige Maßeinheit (im Beispiel cm) und die Druckauflösung (im Beispiel 300 dpi = 60er Raster) gewählt werden. Diese Thematik wird im Abschnitt 4.1 dieses Buches noch näher behandelt.

Abb.: 3.6:

Das Ausschnittfenster (rechts oben) ermöglicht die Festlegung des Ausschnittes, mit dem das Bild exportiert werden soll. Gleichzeitig kann man die maximale Druckgröße bei einer gewählten Auflösungsstufe (links oben) sehen.

3.5.9 Integrierte Farbtabelle

Bescheidene Möglichkeit, die Farbwiedergabe zu steuern

Access Plus beinhaltet eine Farbtabelle, eine sog. LUT (look-up-table). Sie steuert Farbwiedergabe und Kontrast. Über das Menü *Transformationen* gelangen wir in den LUT. Die Bezeichnungen msetup 1-9 stellen verschiedene Möglichkeiten der Steuerung dar. Dabei gilt: je höher die Zahl, desto höher der Kontrast. Mit der Portfolio LUT kann eine systemdefinierte Farbtabelle für Fotos auf einer Portfolio CD erstellt werden.

3.5.10 Drehen und spiegeln

Im Menü Ausrichtung kann das Bild gedreht und seitenverkehrt gespiegelt werden. Die Drehfunktion wird gebraucht, wenn das Bild z. B. auf einem hochformatigen DIN A4-Bogen, der anschließend nach DIN längs gefaltet wird, quer erscheinen soll. Die Spiegelfunktion wird eingesetzt, wenn ein Bild versehentlich seitenverkehrt gescannt wurde oder aus Gestaltungsgründen seitenverkehrt dargestellt werden soll.

Warum nicht mal etwas auf den Kopf stellen?

3.5.11 Das Wasserzeichen entsperren

Eine ausführliche Beschreibung des Wasserzeichen-Codierens ist in Abschnitt 2.18 zu finden. Verschlüsselte Photo CD-Bilder erkennt man im Kontaktabzug daran, daß das Symbol eines Vorhängeschlosses auf dem „Diarahmen" erscheint.

Wasserzeichen entsperren

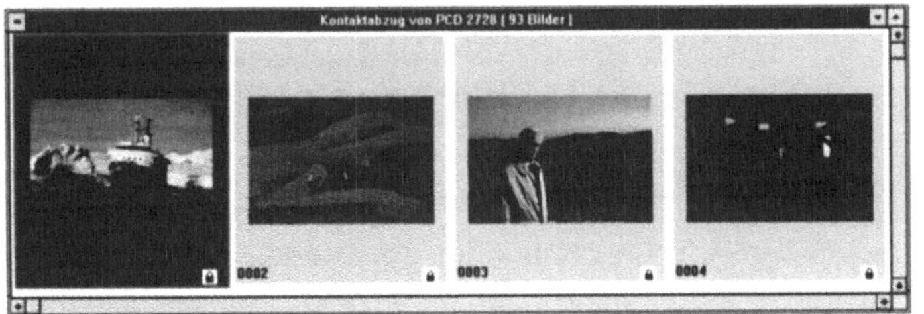

Abb. 3.7:
Die codierten Bilder sind am Vorhängeschloß zu erkennen.

Wenn die Codierung mit Access Plus entsperrt werden soll, wird im Programm Kodak Access Plus das Bild mit Doppelklick geladen. Das Bild erscheint im Großformat auf dem Monitor und ist mit dem Wasserzeichen überlagert. Nun rufen wir Word auf und legen die vom Dienstleister mitgelieferte 3,5-Zoll-Diskette mit der Codierung in das Laufwerk a. Wir öffnen den Inhalt der Diskette und markieren die Codierung des gewünschten Bildes (Datei *pcdkeys*). Der Code folgt nach der Bezeichnung KODAK_PIW und nach dem 4. durch Trennungsstriche gekennzeichneten Viererzeichenblock und besteht aus 10 Zeichen.

KODAK_PIW-7273-66a8-3173-8d78 JPKCTi1Kcg 566116221705   3
KODAK_PIW-7273-66a8-3173-8e2e CcQWDLgw/G 566116221705   4
KODAK_PIW-7273-66a8-3173-8eaa 6t8I9/kFd3 566116221705   5
KODAK_PIW-7273-66a8-3173-8f1b *UDZxwzy6A 566116221705   6

Wir kopieren die Codierung in die Zwischenablage. Dabei achten wir darauf, daß kein Leerzeichen am Ende der Zeichenfolge mitkopiert wird. Word schließen. Access Plus mit Bild erscheint wieder. Icon *entsperren* drücken. Die Tastenkombination *STRG/V* drücken, um die Codenummer einzufügen. Eine Eingabe des Decodierungsschlüssels über die Tastatur ist ebenfalls möglich.

Beim Beenden von Access Plus werden alle entsperrten Fotos erneut gesperrt. Möchte man die codierten Bilder weiterverwenden, müssen sie vor dem Verlassen des Programms exportiert werden.

3.5.12 Bild in andere Datenformate exportieren

Über *Datei/Export-Photo* kann ein Photo CD Bild in ein vorher eingerichtetes Verzeichnis oder ein anderes Dateiformat exportiert werden. Verschiedene Formate stehen dabei zur Verfügung. Beim Export in Word ist BMP das richtige Dateiformat. TIFF wird häufig gebraucht, wenn z. B. das Bild im Adobe Photoshop weiterbearbeitet werden soll.

3.6 Die Photo CD für den PC-Anwender

Bilder selbst in Texte einfügen ist kein Problem mehr. Durch die Photo CD eröffnen sich völlig neue und kostensparende

Möglichkeiten für den professionellen PC-Nutzer. Jetzt ist das Einfügen von Bildern und Grafiken ohne Einsatz eines Scanners ganz einfach. Durch die Photo CD erübrigt sich ein Scanner, zumal die meisten handelsüblichen Scanner nicht die Qualität der Photo CD erreichen und generell nicht in der Lage sind, Image Pacs, d. h. also fünf bzw. sechs verschiedene Auflösungsstufen je Bild zu erzeugen. Mit einem Wort: Durch die Photo CD mit ihren preisgünstigen und guten Scans kann jeder entsprechend ausgerüstete PC-Nutzer hochwertige Layouts erstellen und verfügt gleichzeitig über einen druckfähigen Scan bei Kosten von wenigen Mark. Bei dieser Sachlage ist es viel zu teuer, auch nur die Handgriffe für das Scannen im eigenen Betrieb zu bezahlen. Dies scheint nur dann sinnvoll zu sein, wenn die Scans sofort zur Verfügung stehen müssen. Diese Zeitersparnis muß teuer erkauft werden, nicht nur durch einen Scanner mit vergleichbarer Leistung, sondern auch mit den Personalkosten und dem Verlust an den Optionen, die nur die Photo CD bietet.

3.6.1 Einfügen von Bildern in Word-Dokumente

Die meisten Text-, DTP- und Grafikprogramme verfügen über die Möglichkeit des direkten Zugriffs auf die Photo CD, z.B. Microsoft Word für Windows ab Version 6.0, Adobe PageMaker 6.0, CorelDRAW ab Version 4.0. Hier soll zunächst am Beispiel Windows 95 mit Microsoft Word 6.0 der Vorgang des Importierens von Bildern detailliert für die praktische Arbeit aufgezeigt werden.

3.6.2 Beispiel für das Einfügen für Layoutzwecke

Zum Gestalten von Textdokumenten mit farbigen oder schwarz-weißen Bildern genügt oft schon ein modernes Textverarbeitungsprogramm, z. B. Microsoft Word. Im weiteren wird beschrieben, wie mit dieser Software eine einfache Text-Bildintegration erreicht wird.

Wir gestalten
Bild-Textintegrationen
mit MS Word

Zunächst laden wir eine leere Seite auf den Monitor mit *Datei/Neu/Vorlage Normal*. Mit der Leertaste fügen wir drei Leerzeilen ein. Das ermöglicht nach dem Einfügen des Bildes die Texteingabe über und unter dem Bild

    Leerzeile

  I Leerzeile

    Leerzeile

Dann den Cursor in der mittleren Zeile plazieren: Dort wird das Bild eingefügt. (Selbstverständlich kann ein Bild von der Photo CD auch in ein bereits erstelltes Dokument eingefügt werden. Dann wird der Cursor dort plaziert, wo das Bild eingefügt werden soll.) Die Photo CD in das CD ROM Laufwerk legen, warten, bis Lämpchen am CD ROM Laufwerk erlischt. Nun folgt das Importieren des Fotos von der CD. Wir gehen mit der Maus in die Menüzeile und klicken *Einfügen/Grafik*. Wir klicken bei Dateityp auf: *Alle Grafik-Dateien* oder *Alle Dateien* oder *Kodak Photo CD*. Laufwerk des CD ROM-Laufwerks anwählen, z. B. *d*. Doppelklick auf den Laufwerksbuchstaben, Doppelklick auf das Verzeichnis *Photo CD*, Doppelklick auf *Images*. Das gewünschte Bild markieren (dabei hilft bei der Photo CD das Indexprint der Photo CD.) Für die jetzt folgende Arbeiten benutzen wir das Bild 65 auf der CD, die diesem Buch beigefügt ist.

Ist das Bild markiert, *o.k.* klicken. Nun wird das Bild von der Photo CD in MS Word importiert.

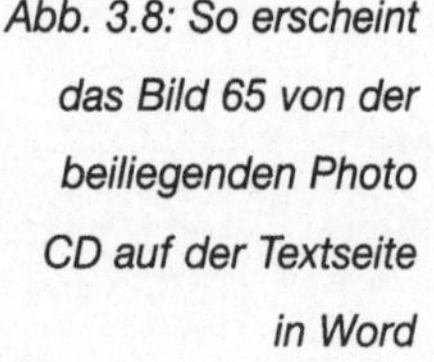

Abb. 3.8: So erscheint das Bild 65 von der beiliegenden Photo CD auf der Textseite in Word

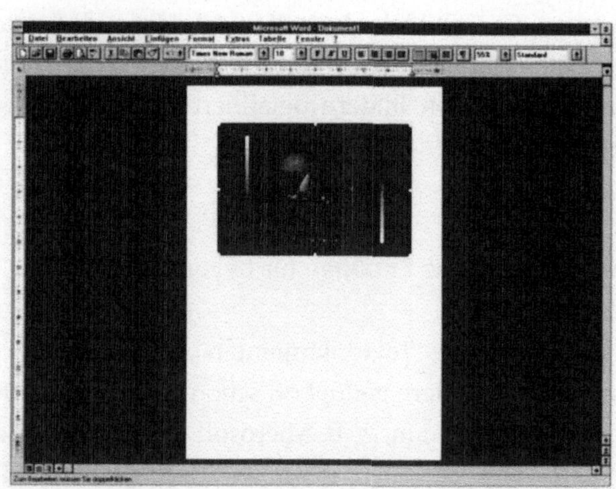

Versuchshalber können wir die Seite drucken. Wir sehen jetzt schon den Erfolg unserer Mühen.

3.6.3 Ausschnitte

Jetzt stört uns möglicherweise der schwarze Rand oder wir möchten das Bild im Ausschnitt bearbeiten. Dazu benötigen wir die Ausschnitttechnik. Dazu gehen wir mit dem Cursor ins Bild und klicken einmal. Das Bild erhält „Anfasser". Dann drücken und halten wir die ShiftTaste und fahren gleichzeitig mit ungedrückter Maustaste von außen an den mittleren oberen Anfasser. Der Cursor wird zum Ausschnittsymbol.

Das Bild in den richtigen Rahmen setzen

Nun wird bei immer noch gedrückter Shift-Taste die Maustaste gedrückt und gehalten. Eine gestrichelte Linie zeigt uns, was wegfällt. Wenn der gewünschte Ausschnitt ausgewählt ist, lassen wir die Maus- und Shifttaste los. Auf die gleiche Weise schneiden wir unten den schwarzen Balken weg. Ein neuer Ausdruck zeigt uns diesen Fortschritt.

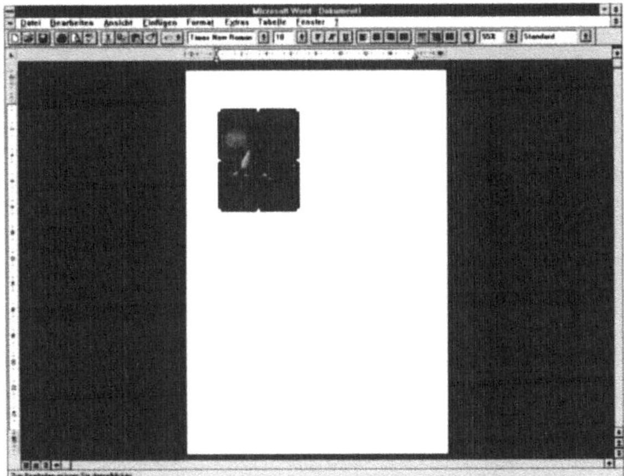

Abb. 3.9: Der gewählte Ausschnitt aus Abb. 3.8

3.6.4 Skalieren (Bildgröße verändern)

Um die Größe des Bildes zu verändern, müssen wir wieder ins Bild klicken, um die Anfasser zu erhalten. Das Ändern

Größer oder kleiner? Machen wir selbst!

der Größe erfolgt über die Anfasser an einer der vier Ecken. Wir führen den Cursor der Maus an einen dieser Punkte und erhalten das Symbol Skalieren, einen schrägen Doppelpfeil.

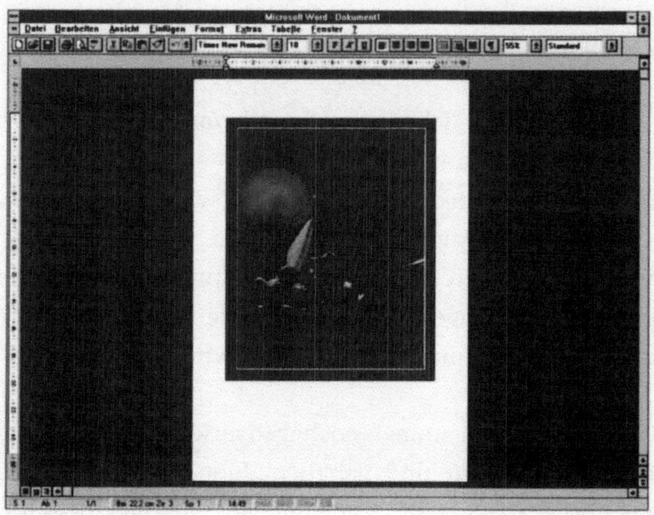

Abb. 3.10: Das Bild aus Abb. 3.9 ist skaliert (auf die gewünschte Größe gebracht)

Maustaste drücken, halten und nach innen ins Bild oder nach außen gehen, loslassen. Das Bild ändert sich im ursprünglichen Seitenverhältnis. Wir drucken, wenn wir Spaß daran haben, gleich wieder aus und sehen die Veränderung zum vorigen Druck.

3.6.5 Position verändern

Das Bild auf der Textseite plazieren

Natürlich sind wir nicht einverstanden, wo der Computer das Bild auf der Seite plaziert hat. Jetzt ist es hilfreich, daß wir über und unter dem Bild je eine Leerzeile angelegt haben. Wir klicken einmal oberhalb des Bildes und achten dabei darauf, daß wir vor dem Klick den Bildschirmzeiger als „I" auf dem Monitor sehen. Jetzt kann das Bild durch die Eingabetaste nach unten auf der Textseite verschoben werden. Nach oben verschieben: Cursor über dem Bild plazieren und die Entf-Taste drücken. Zum Verschieben nach rechts: Cursor an der linken Bildkante ganz unten plazieren und Bild mit der Leertaste bewegen. Zum Verschieben nach links: Cursor an der linken Kante der Textseite plazieren und Entf-Taste drücken.

Für fortgeschrittene PC-Nutzer bietet Word eine recht komfortable Funktion zur Positionierung von Bildern und Texten an. Dazu wird über *Einfügen/Positionsrahmen* mit dem erscheinenden Kreuz durch Drücken der Maustaste und gleichzeitigem Verschieben der Maus ein Rahmen in der gewünschten Größe aufgezogen, das Bild über *Einfügen/Grafik* in den Rahmen integriert. Dann wird das Bild mit dem Positionierungssymbol (gekreuzter Doppelpfeil) auf der Seite plaziert, indem wir mit ungedrückter Maustaste an den Rahmenrand fahren, bei Erscheinen des Positionierungssymbols die Maustaste drücken, halten und durch bewegen der Maus eine neue Position des Bildes bestimmen, die bei Loslassen der Maustaste fixiert wird. Auf dieselbe Weise sind Textpositionierungen und -einfügungen in dem Bild möglich.

Komfortable Bildpositionierung im Layout mit Textfunktion

3.6.6 Stauchen und Dehnen

Wenn wir das Bild mit dem Mauspfeil an einem seitlichen oder dem oberen bzw. unteren Anfasser ansteuern, erhalten wir das Symbol Dehnen und Stauchen. Wenn wir es bei gedrückter Maustaste hin- und herbewegen, ändern wir die Bildgröße nur in vertikaler oder horizontaler Richtung. Dabei rechnet der Computer das Bild in seinem ganzen Inhalt auf das neue Seitenverhältnis um. Das Ergebnis ist eine Verzerrung. Von kleinen Veränderungen abgesehen muß also mit diesem Werkzeug vorsichtig umgegangen werden.

Bildverzerrungen: Mit Bedacht handhaben

3.6.7 Text einfügen

Text einfügen

Nun soll ein Text über und unter das Bild gesetzt werden. Jetzt kommt uns zugute, daß wir das Bild in der Mitte zwischen den drei Leerzeilen eingefügt haben. Wir gehen mit dem Mauszeiger über das Bild und klicken, so daß der Cursor blinkt. Hier können wir nun den Text in der gewünschten Größe, Schriftart und Position einfügen. Die Farbe der Schrift

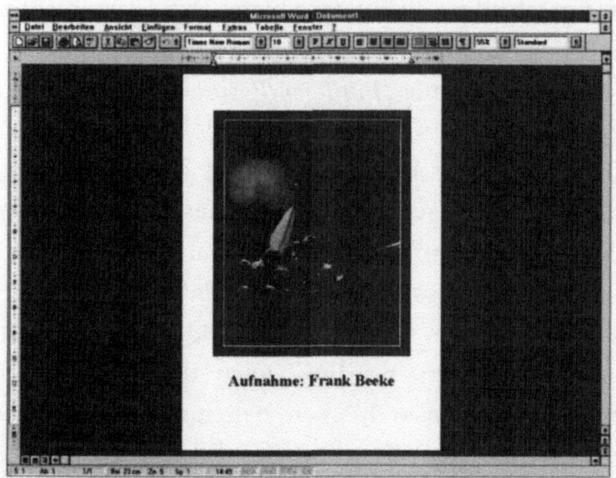

Abb. 3.11:
Die fertige Seite

verändern wir wie bekannt über *Format/Zeichen* in der Menüzeile. Auf gleichem Weg funktioniert das Einfügen von Text
unterhalb des Bildes.

Text-Bildintegration ist eine Funktion, die normalerweise von Layoutprogrammen erledigt wird. Mit PageMaker
oder QuarkXPress ist diese Aufgabe gut zu bewältigen. Diese Programme können aber nur nach gründlicher Ausbildung und längerer Übung zum Erfolg führen. Textverarbei-
tungsprogramme wie z. B. Word können diese sehr komplexen Vorgänge bei größeren Aufgaben nicht so gut ausführen,
bieten aber dem Einsteiger einen beachtlichen Komfort.

3.7 Erstellen von Overheadfolien

*Overheadfolien
drucken*

Mit dem PC können auch Overheadfolien gedruckt oder über
einen Dienstleister belichtet werden, je nach gewünschter
Qualität. Für Text- und Grafikfolien genügt oft der Drucker
am PC. Hochwertige Folien unter Verwendung von Fotos
können in der Regel nur durch einen Dienstleister über einen
Thermosublimationsdruck erstellt werden.

Format einstellen

Wichtig ist, die richtige Seiteneinstellung zu wählen: für die
Overheadfolie DIN A4 das Format 210 x 297 mm (Druckfläche 200 x 287 mm). Zur Belichtung weiterzugebende Dateien müssen im RGB-Modus angelegt sein. Außerdem sollte
man sich vergewissern, daß der Dienstleister die verwende-

ten Schriftarten geladen hat. Für den Foliendruck am eigenen PC gibt es entsprechendes Material, wobei die Druckereinstellungen entsprechend zu ändern sind.

3.8 Erstellen von Dateien für Diabelichtungen

Da die Photo CD sowohl in Programmen für Windows-PC als auch für Macintosh einsetzbar ist, soll hier das Wichtigste zu den Einstellungen für Diabelichtungen aufgezeigt werden. Mit diesen Hinweisen ist es möglich, Dateien für Diabelichtungen unter Einsatz von Fotos am eigenen Computer zu erstellen und sie zu einem Dienstleister zu geben, der die Dias belichtet und auf klassische Weise entwickelt.

Zunächst muß man sich über das Seitenverhältnis des Dias im klaren sein. Das normale KB-Dia mit den Maßen 24 x 36 mm hat ein Seitenverhältnis von 2 : 3. Wenn die Datei für ein KB-Dia das Format 24 x 36 mm ausfüllen soll, muß sie demnach in diesem Seitenverhältnis angelegt werden. Es wird oft nicht beachtet, daß die Seitenverhältnisse für eine Overheadfolie und ein KB-Dia verschieden sind. Für alle Programme außer Adobe Photoshop soll für ein KB-Dia 7,33 x 11 inches bzw. 186,182 x 279,4 mm eingestellt werden. Die Einstellung für die Belichtung von 4 x 5 inches-Dias erfordert analog zum anderen Seitenverhältnis die Maße 7,88 x 11 inches bzw. 200,152 x 279,4 mm (die ungewöhnlichen mm-Maße haben absichtlich drei Stellen hinter dem Komma.)

Auch Dias lassen sich am PC gestalten. Belichtung durch den Dienstleister

Beim Photoshop gibt es im Gegensatz zu Grafik- oder Satzprogrammen keine definierte Größe zur Belichtung von Pixelgrafiken. Soll sie vollformatig ausbelichtet werden, dann ist auf die Seitenverhältnisse zu achten. Zusätzlich ist die Auflösung wichtig. Bei zu geringer Auflösung tritt die Pixelstruktur deutlich hervor. Beim KB-Dia wählt man im Photoshop die Auflösung 2000 Pixel/inch.

Die Dateien müssen im RGB-Modus angelegt sein, andernfalls können Farbabweichungen auftreten. Bei Verwendung von Schriften sollte eine Liste der verwendeten Schriftschnitte mitgeliefert werden. Noch besser ist es, man vergewissert sich vorher, ob der Dienstleister die Schriftarten besitzt.

Tips zur Anlage der Datei

PowerPoint ist eines der wenigen Programme, das Vorgaben für die Seiteneinstellung anbietet. Das Programm zeigt nicht die absolute Seitengröße, sondern den bedruckbaren Bereich.

Ausgeben

D ie Photo CD ist sehr vielseitig einsetzbar. Sie dient als Basis für Druckvorstufe, Archivierung, Internet-Einträge, DTP, Layout, Multimedia, Präsentation, digitale Farbgroßdrucke, um die wichtigsten zu nennen. Bei allen Anwendungen dient die Photo CD als zukunftssicherer, systemunabhängiger, langlebiger und preisgünstiger Speicher in der gesamten Medienvorstufe.

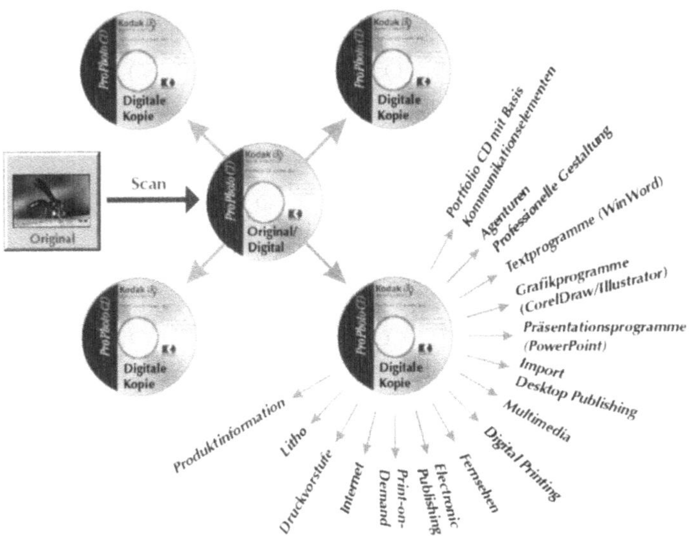

Abb. 4.1: Ein Scan, viele Anwendungen: die Kodak Photo CD als multifunktionaler Speicher in der Medienvorstufe

Hier sollen vor allem diejenigen dargestellt werden, die schon in der Praxis erprobt sind und einen Markt erobert haben.

4.1 Druckvorstufe

Das größte Marktsegment bildet die Anwendung in der Druckvorstufe. Selbst die Marketingfachleute von Kodak haben erst 1995 auf diese Entwicklung reagiert, als sie schon Realität in der Wirtschaft war. Es zeigt sich, daß die Photo CD bei richtiger Bearbeitung eine Druckqualität ermöglicht, die bei Formaten bis DIN A3 absolut ebenbürtig mit einem High End Scan ist. In Deutschland wurden 1995 schon 35% aller Photo CD Transfers für diesen Zweck bestellt. Sämtliche Fotos in diesem Buch sind von der Photo CD übernommen.

Die Photo CD Transferstation liefert bald zusätzlich auch druckfertige Daten

Kodak wird ab Mitte 1996 den Betreibern der professionellen Photo CD Image Workstations (PIW) eine erneute Erweiterung der Funktionalität anbieten. Die in das System eingebundenen Scanner werden CMYK-fähig. Das bedeutet, daß als Ergänzung neben den Image Pacs (YCC-Farbraum) auch druckfertige Daten auf die Photo CD geschrieben werden können. Dabei ist die PIW doppelt so schnell wie die klassischen EBV-Scanner (40 CMYK-Scans pro Stunde.) Darüberhinaus werden die professionellen Kodak 4045-Scanner der PIW einen größeren Dichteumfang (von 2.9 auf max. 3.4) abdecken. Damit fällt eine weitere Hürde auf dem Weg zur EBV-gerechten Qualität weg.

Anbieter von Reprosoftware

Die Anbieter von Reprosoftware, unter ihnen Linotype-Hell, Purup und Binuscan, haben auf die Eignung der Photo CD für die Druckvorstufe reagiert und bieten Programme an, die es auch Nichtreprofachleuten ermöglichen, Bilddaten reprofähig zu bearbeiten.

Noch Ende der 80er Jahre hat sich keine Werbeagentur mit Satz beschäftigt. Heute ist das eine Selbstverständlichkeit. Warum sollte etwas ähnliches in Zukunft nicht auch für die Farb-Reproduktion gelten?

Die Photo CD-Familie ist nicht nur ein Speichermedium, sie ist auch ein Scan. Das bedeutet ganz konkret, daß die Photo CD in Konkurrenz zu den Trommel- und Flachbettscannern tritt und dabei ist, sich einen Platz in der Druckvorstufe zu sichern. Dieses Eindringen in ein Marktsegment ist auch mit Problemen behaftet. Da diese Technologie aber so innovativ ist, lohnt sich ihre Nutzung, vor allem aus Kosten-

Die Scans der Photo CD sind so gut, daß sie auch zum Druck eingesetzt werden können

gründen. Sinnvollerweise geschieht das, indem man die vorhandenen Möglichkeiten der Photo CD nutzt und die Grenzen auslotet. Es ist nämlich keineswegs so, daß die Photo CD alles in der Druckvorstufe an sich reißen wird. Dieses Kapitel soll der Versachlichung dienen.

Zunächst einmal: Die Photo CD ist ein hervorragender Rohscan, der für den Druck bzw. andere Anwendungen jeweils qualifiziert bearbeitet werden muß. Um Mißverständnisse auszuschließen: Mit „Rohscan" wird ein hochaufgelöster, aber noch unbearbeiteter Scan umschrieben. Der Begriff Rohscan wird oft abwertend gebraucht, als ob es sich um einen minderwertigen Scan in niedriger Auflösung handelte. Das ist nicht der Fall, wie schon an anderer Stelle ausführlich dargestellt wurde. Damit die Bilder auf der Scheibe druckreif vorliegen können, müssen sie bearbeitet werden. Geschieht das nicht oder nicht richtig, wird der Druck eine minderwertige Qualität aufweisen.

Auf die Bearbeitung kommt es an

Rohscan

Das größte Problem ist dabei offensichtlich die Schärfenbearbeitung. Häufig werden von Reprobetrieben Vergleichsdrucke zwischen Trommelscan und Photo CD vorgelegt, bei denen im Fall der Photo CD die Schärfe unbefriedigend ist. Das liegt in der Regel nicht daran, daß der Photo CD Scan unscharf ist, sondern daß die Bearbeitung nicht mit genügender Erfahrung erfolgte. Anders ist es nicht zu erklären, daß in diesen Fällen eine korrekte Neubearbeitung durch einen erfahrenen Photo CD-Reprobetrieb zu scharfen und Trommelscan-gleichwertigen Proofs bzw. Andrucken führte, wobei der Zeitaufwand derselbe war wie für ein unscharfes Ergebnis. Ein schlagender Beweis für diese Thesen sind die vom Autor vorlegbaren Vergleichsdrucke und realisierte Druckergebnisse, wie z. B. bereits mit der Photo CD realisierten Zeitschriften und nicht zuletzt dieses Buch.

Was tun, wenn die Proofs von der Photo CD unscharf sind?

Erfolgt die Bearbeitung korrekt, dann kann die Photo CD in der Qualität mit einem High-End Scan bis zu bestimmten Bildgrößen mithalten. Diese Größen sind abhängig von der Auflösung auf der Photo CD. Grob gesagt, ist ein 16Base Photo CD Bild von einem Kleinbildformat 24 x 36 mm für Druckgrößen im 60er Raster bis mindestens DIN A5 und ein 64Base-Bild von einem Mittelformatdia für Druckgrößen

Faustregel für die Druckgrößen mit der Photo CD

bis DIN A 3 gut geeignet, wenn kein allzugroßer Ausschnitt gewählt wird. Da nun ca. 80% aller gedruckten Bilder innerhalb dieser Formate liegen, gibt es einen beachtlichen Marktanteil für die Photo CD in der Druckvorstufe.

Wer aber auf allerhöchste Qualität Wert legt oder größer als DIN A3 im 60er-Raster drucken muß, für den ist der Trommelscan mit den entsprechenden Kosten nach wie vor unverzichtbar. Wer innerhalb der Formate drucken möchte, die auch die Photo CD abdeckt und trotzdem den Trommelscan bevorzugt, muß sich im klaren sein, daß die letzten 5% an Qualität eine Kostensteigerung von nahezu 100% nach sich zieht.

Darüber hinaus ist es gar nicht notwendig, sich generell für oder gegen die Photo CD zu entscheiden. Man kann selbstverständlich bei jedem einzelnen Bild wählen, welche Technik angewendet wird. Daher geht der Trend zu Dienstleistern mit einer entsprechend breiten Angebotspalette. Diese können vorlagen- und qualitätsabhängig die optimale Kombination aus hochwertigen und kostengünstigen Scans bieten. Zusätzlich können alle Dienstleistungen in Druckvorstufe und Druck, Multimedia und Bildverarbeitung, bei Archivlösungen, Prints, großformatigen Drucken einschließlich Aufziehen, Veredeln und Laminieren, Fachfotolaborservice und Vervielfältigungen mit Konfektionierung aus einer Hand erfolgen.

4.1.1 Marktuntersuchung

Ende 1995 führte die Kodak AG eine Marktuntersuchung bei 500 Reproanstalten in Deutschland durch. Befragt wurden Betriebe mit mehr als zehn Mitarbeitern. Jeder vierte Betrieb, der auf die Umfrage antwortete, setzte bereits die Photo CD bei diversen Kundenaufträgen ein. Auf die Frage, warum die Photo CD ins Programm aufgenommen wurde, war die häufigste Antwort: „Weil es vom Kunden gefordert wurde". Das läßt darauf schließen, daß die antwortenden Anstalten die Photo CD noch nicht aktiv in die Kundenberatung einbezogen hatten und diesen Service nur auf Kundenanfrage anboten. Die zweithöchste Zahl der Antworten lautete aber schon: „Weil wir neue Kunden ansprechen können". Erstaunlicherweise erfolgte bei den weitaus meisten Antworten die repromäßige Arbeit im Photoshop und nicht mit LinoColor von der Linotype-Hell AG, die es für den Macintosh separat, also auch ohne Scanner zu kaufen gibt und die speziell für die Druckvorstufe entwickelt wurde.

Im Anhang sind die Reproanstalten aufgeführt, die die Photo CD verarbeiten und auf die obige Befragung antworteten.

Viele Reprobetriebe setzen die Photo CD bereits erfolgreich ein

Zwar dringt die Photo CD in den Markt der Druckvorstufe vor, doch die Bearbeitung der Bilder für den Druck kann die Photo CD selbst nicht leisten. Dazu werden nach wie vor die Druckvorstufenspezialisten gebraucht, die das notwendige Know-how haben und Belichtungen und Andrucke liefern können.

Man muß deutlich unterscheiden, was mit dem Ausdruck *Scan* wirklich gemeint ist. Der Druckvorlagenhersteller bzw. der Kunde versteht darunter meistens den *Scan mit Bearbeitung*. Wenn es nun heißt, die Photo CD Scans kosten nur wenige Mark, und man berücksichtigt nicht, daß die Photo CD nur ein *Rohscan ohne Bearbeitung* für den Druck ist, dann werden natürlich Äpfel mit Birnen verglichen. Es ist eine Tatsache, daß die Photo CD ein Scan ist, der selbst mit Bearbeitung für die Druckvorstufe bedeutend günstiger ist als der Trommelscan mit gleicher Leistung. Das heißt aber noch lange nicht, daß es für die Reproanstalten keine Arbeitsbereiche mehr gibt. Durch die neuen Technologien wächst der Markt der farbigen Drucke. Außerdem ist es allemal besser, den Service durch die Photo CD Anwendungen zu erweitern als Kunden an aktive Mitbewerber zu verlieren.

Begriffsklärung: Scan ist nicht gleich Scan

Wer allerdings aus dem Begriff Rohscan schließt, daß es sich bei der Photo CD um einen schlechten Scan handelt, ist auf einem Irrweg.

Dazu ein Fall aus der Praxis: Ein internationaler Konzern gibt jährlich drei Ausgaben einer Kundenzeitschrift mit einer Auflage von 50.000 Exemplaren heraus. Sie ist durchgehend vierfarbig. Der Reprobetrieb bekam die Auflage, über die Photo CD zu drucken, um die Kosten zu reduzieren. Der

Beispiel

Kunde organisierte für die Agentur einen Informationstag bei einem Photo CD Dienstleister. Dennoch lieferte der beauftragte Reprobetrieb beim ersten Versuch Andrucke von der Photo CD, die nicht überzeugten. Durch Anwenderseminare, die der Photo CD Dienstleister zusammen mit Linotype-Hell veranstaltet hatte, wußte der Kunde nämlich, welche Möglichkeiten die Photo CD bietet. Zusätzlich lieferte der Reprobetrieb Andrucke über Trommelscanner derselben Motive, um zu beweisen, daß mit der Photo CD keine guten Ergebnisse zu erzielen sind. Dies führte aber nicht dazu, daß der Kunde reumütig zur klassischen Technik zurückkehrte. Er vergab den Auftrag, Andrucke von der Photo CD zu erstellen, an eine andere Reproanstalt. Da diese wesentlich höhere Qualität aufwiesen als beim Stammlieferanten, wechselte der Kunde den Reprobetrieb. Der Konzern druckt nun seine Kundenzeitschrift über die Photo CD und spart dadurch jährlich rund DM 30.000,–.

4.1.2 Maximale Druckgrößen

Im Unterschied zu anderen Scannern arbeitet die Photo CD mit festen Auflösungen, die abhängig von der Größe des Originals sind.

Die Größe des fertigen Drucks hängt von der Größe des Originals (ggf. des Ausschnittes aus dem Original), von der Auflösung des Scans und der Rasterweite ab. Mit der Rasterweite wird die Anzahl der Linien angegeben, die in einem Rasterbild ein Halbtonbild simulieren. Die Rasterweite wird in Deutschland in Linien pro Zentimetern angegeben (Lpcm), international in Linien pro inch (lpi). Etwa 95 % aller Drucke werden in Deutschland im 60er Raster gedruckt, das entspricht 60 Lpcm.

Die Druckgröße wird in Abhängigkeit von der Originalgröße und der Rasterweite ermittelt. Ein Beispiel verdeutlicht dies: Ein Kleinbilddia wird mit der Auflösung 16Base auf die Photo CD geschrieben. Somit steht eine Höchstauflösung von 2048 x 3072 Pixel zur Verfügung. Das bedeutet, daß die 36 mm des Dias in 3072 Bildpunkte bzw.

Linien zerlegt werden, also 85,33 Bildpunkte bzw. Linien pro Millimeter (3072 : 36 = 85,33). Für ein 60er-Raster werden 12 Lpmm benötigt. (60 Lpcm = 6 Lpmm x Qualitätsfaktor 2). Das ergibt einen Faktor von 7,11. (85,33 : 12 = 7,11). Die auf der Photo CD Master befindliche Höchstauflösung bei einem 16Base Scan ist demnach 7,11 mal größer, als zum Druck in der Originalgröße 24 x 36 mm im 60er-Raster benötigt wird. Folglich kann das Originalformat 7,11 mal größer gedruckt werden, das sind 24 mm x 7,11 = 170,64 mm und 36 mm x 7,11 = 255,96 mm. Ein KB-Format ohne Ausschnitt kann also im 60er Raster bei der 16Base Auflösung ungefähr in einer Größe von 17 x 25,6 cm groß ohne Qualitätsverlust gedruckt werden.

Für die Berechnung gilt: Ist MD die maximale Endgröße des fertigen Drucks in cm, dann ist

$$MD = \frac{384 \cdot \sqrt{Base\#}}{LO \cdot RW} \cdot AL$$

wobei LO die größte Kantenlänge der Originalsvorlage, AL die größte Kantenlängen des zu druckenden Ausschnittes in der Originalvorlage jeweils in cm gemessen sind, RW die Rasterweite (in Lpcm) und Base# die gewählte Auflösungsstufe von der Photo CD sind. Base# ist dabei die Zahl im Namen der Auflösungsstufe auf der Photo CD, z. B. für 16Base ist Base#=16, für Base/4 ist Base#=1/4 und für Base ist Base#=1.

Ein Beispiel: Von einem Kleinbilddia soll ein 8 x 10 mm großer Ausschnitt genommen und in einem 60er Raster von der Photo CD mit Auflösung 16Base gedruckt werden. Die längere Kante des Drucks kann dann maximal

$$\frac{384 \cdot \sqrt{16}}{3,6 \cdot 60} \cdot 1cm = 7,1cm$$

betragen.

Diese Formel ist natürlich umkehrbar: Sind die Druckgröße MD, das Raster RW, die Kantenlänge des Originals LO und der Ausschnitt AL in cm vorgegeben, so muß man für einen optimalen Druck mindestens die Auflösungsstufe

Wer keinen Spaß an Mathematik hat, schaut in die Tabellen in Abschnitt 4.1.3

$$\text{Base\#} \geq \left(\frac{MD \cdot LO \cdot RW}{AL \cdot 384}\right)^2$$

wählen. Hierbei ist das Ergebnis wie oben auf die jeweils nächsthöhere Auflösungsstufe der Photo CD aufzurunden, z. B. das Ergebnis 6,4 ergibt 16Base, das Ergebnis 0,7 ergibt die Auflösungsstufe Base.

Hierzu ein Beispiel: Ein Kleinbilddia soll ohne Ausschnitt im 60er Raster gedruckt werden, wobei die längere Kante 10 cm lang sein soll. Dazu muß man die Auflösungsstufe

$$\text{Base\#} \geq \left(\frac{10 \cdot 3,6 \cdot 60}{3,6 \cdot 384}\right)^2 = 2,44$$

also 4Base verwenden.

Wendet man diese Berechnung auf die Pro Photo CD mit der Auflösung von 4096 x 6144 Pixel für das KB-Format beim Druck im 60er Raster an, ergibt sich eine maximale Druckgröße von rund 34 x 51 cm. Als Faustregel kann man sagen, daß von der Pro Photo CD bei der höchstmöglichen Auflösung im 60er Raster bis DIN A3 gedruckt werden kann.

Mit der Photo CD kann bis DIN A3 gedruckt werden

Da in der Praxis die Größe des fertigen Drucks am Ausgangspunkt steht, ist die Fragestellung anders. Man will wissen, bei welcher Druckgröße welche Auflösung von der Photo CD genommen werden muß, damit die Rechnerzeiten optimiert werden können. Darüber geben die folgenden Tabellen Auskunft.

4.1.3 Formattabellen

Tabelle 4.1 gibt Auskunft über die maximal möglichen Druckgrößen der Photo CD im Rasterdruck. Man bestimmt zunächst die Kantenlänge (Höhe oder Breite) des Originaldias oder gewünschten Ausschnittes daraus in mm. Die Zahlen in den Spalten geben an, welches Ausmaß in cm der Druck bei der jeweiligen Auflösungsstufe im 60er-Raster annehmen kann.

Tabelle 4.1: Maximale Druckgrößen in cm

Originalformat: 24 x 36 mm (KB) 60er-Raster

Kanten-länge des Originals in mm	Base 512 x 768 Pixel Faktor 0,178	4Base 1024 x 1536 Pixel Faktor 0,356	16Base 2048 x 3072 Pixel Faktor 0,711	64Base 4096 x 6144 Pixel Faktor 1,42
10	1,8	3,6	7,1	14,2
12	2,1	4,3	8,5	17,0
14	2,5	5,0	9,9	19,9
16	2,8	5,7	11,4	22,7
18	3,2	6,4	12,8	25,6
20	3,6	7,1	14,2	28,4
22	3,9	7,8	15,6	31,2
24	4,3	8,5	17,1	34,1
26	4,6	9,3	18,5	36,9
28	5,0	10,0	19,9	39,8
30	5,3	10,7	21,3	42,6
32	5,7	11,4	22,8	45,4
34	6,1	12,1	24,2	48,3
36	6,4	12,8	25,6	51,1

Beispiel: der zu druckende Ausschnitt im Dia ist 24 mm. Bei 16Base-Auflösung und 60er Raster kann bis zu 17,1 cm groß gedruckt werden

Tabelle 4.2 listet die Auflösungsstufen von der Photo CD bei verschiedenen Vergrößerungsfaktoren auf. Dabei wird wieder von dem gebräuchlichen 60er Raster ausgegangen.

Tabelle 4.2: Auflösungsstufen für das 60er Raster von der Photo CD mit Kleinbildscans, Auflösungen bis 16Base

Original, größte Kantenlänge in mm

Druckgröße bis...cm	bis 10	bis 15	bis 20	bis 25	bis 30	bis 36
2	4	3	3	2	2	2
4	5	4	4	3	3	3
6	5	5	4	4	4	3
8	6	5	5	4	4	4
10	6	5	5	5	4	4
12	6	6	5	5	5	4
14	6	6	5	5	5	5
16	-	6	6	5	5	5
18	-	6	6	6	5	5
20	-	6	6	6	5	5
25	-	-	6	6	6	5
30	-	-	-	6	6	6
35	-	-	-	-	6	6
40	-	-	-	-	6	6
45	-	-	-	-	-	6
50	-	-	-	-	-	6

Befindet sich in der Tabelle ein Strich (-), ist diese Größe mit der Photo CD Technik nicht zu drucken.

Man mißt zunächst den gewünschten Ausschnitt im Originaldia oder Negativ (Kantenlänge). In der entsprechenden Spalte sucht man nun die Zeile auf, in der die gewünschte Druckgröße in cm (linke Spalte) genannt ist. Die gefundene Zahl gibt die zu wählende Auflösungsstufe der Photo CD gemäß der Tabelle 4.3 an.

Tabelle 4.3: Auflösungsstufen der Photo CD

Auflösungsstufe	Pixel	Auflösung
2	256 x 384	Base ¼
3	512 x 768	Base
4	1024 x 1536	4Base
5	2048 x 3072	16Base
6	4096 x 6144	64Base

Beispiel 1: Ein KB-Dia soll für einen Katalog ohne Ausschnitt *Beispiel* auf eine Druckgröße (größte Kantenlänge) von 3,5 cm gebracht werden. Es ist Auflösungsstufe 3 = Base = 512 x 768 Bildpunkte für die Druckvorstufenbearbeitung zu wählen. Ein normaler Photo CD Scan mit 16 Base genügt. Das Ergebnis ist in der Tabelle 4.2 ersichtlich.

Beispiel 2: Der gewünschte Ausschnitt (größte Kantenlänge) aus einem KB-Dia ist 18 mm, die gewünschte Druckgröße (größte Kantenlänge) ist 20 cm. Es ist die Auflösungsstufe 6 = 64 Base für die Übertragung des Dias und der Druckvorstufenbearbeitung zu wählen. Das bedeutet, daß das Dia auf die Pro Photo CD übertragen werden muß. Auch dieses Ergebnis ist in der Tabelle 4.2 zu finden.

Die nachfolgenden Tabellen geben die Vergrößerungsfaktoren für die Ermittlung der maximalen Druckgröße von der Photo CD an.

Im ersten Schritt ist die größte Kantenlänge des Originals bzw. des Ausschnitts aus dem Original in mm festzustellen. Multipliziert man diesen Wert mit dem Faktor aus der passenden Tabelle (je eine für die verschiedenen Originalgrößen des Dias oder Negativs) in der Zeile der jeweiligen Rasterweite (linke Spalte) erhält man die Druckgröße in mm.

Beispiel 3: Bei einem Dia 6 x 6 cm wird ein Ausschnitt von 56 mm verwendet. Weil es sich um ein 6 x 6 cm-Dia handelt, ist aus Tabelle 4.5 abzulesen. Dort sind die Vergrößerungsfaktoren von 6 x 6 cm-Originalen zu finden. Es soll im 80er Raster gedruckt werden. Die maximal von der Pro Photo CD zu druckende Größe ist bei 64 Base 56 mm x Faktor 6,4 = 358,4 mm.

Beispiel 4: Soll das Bild 15 cm groß gedruckt werden, rechnet man 150 mm (Größe des fertigen Drucks): 56 mm (Größe des aus dem Original zu nehmenden Ausschnitts) = Faktor 2,68. Für die Bearbeitung genügt das Laden der 16 Base Auflösung bzw. es genügt für diese Aufgabe, einen 16 Base Scan anfertigen zu lassen, denn dieser erlaubt beim 80er Raster eine Vergrößerung um das 3,2-fache.

Tabelle 4.4: Vergrößerungsfaktoren für die Photo CD Auflösungsstufen vom Photo CD KB-Scan

Raster-weite lpcm	1/4 Base 256 x 384	Base 512 x 768	4 Base 1024 x 1536	16 Base 2048 x 3072	64 Base 4096 x 6144
60	0,9	1,8	3,56	7,11	14,22
70	0,8	1,5	3,05	6,1	12,19
80	0,7	1,3	2,67	5,33	10,67
100	0,5	1,1	2,13	4,27	8,53

Tabelle 4.5: Vergrößerungsfaktoren für die Pro Photo CD Auflösungsstufen vom 6 x 6 cm und 4,5 x 6 cm (quer)-Scan

60	0,5	1,1	2,13	4,27	8,53
70	0,46	0,9	1,83	3,66	7,31
80	0,4	0,8	1,6	3,2	6,4
100	0,32	0,64	1,28	2,56	5,12

Tabelle 4.6: Vergrößerungsfaktoren für die Pro Photo CD Auflösungsstufen vom 6 x 7 (56 x 72 mm)-Scan

60	0,4	0,89	1,78	3,56	7,11
70	0,38	0,76	1,52	3,05	6,1
80	0,33	0,67	1,33	2,67	5,33
100	0,27	0,54	1,07	2,13	4,27

Tabelle 4.7: Vergrößerungsfaktoren für die Pro Photo CD Auflösungsstufen vom 9 x 12 cm-Scan

60	0,27	0,53	1,07	2,13	4,27
70	0,23	0,46	0,91	1,83	3,66
80	0,2	0,4	0,8	1,6	3,2
100	0,16	0,32	0,64	1,28	2,56

Tabelle 4.8: Vergrößerungsfaktoren für die Photo CD Auflösungsstufen vom 4 x 5 inches-Scan

60	0,25	0,5	1,01	2,02	4,03
70	0,22	0,44	0,86	1,73	3,46
80	0,19	0,38	0,76	1,51	3,02
100	0,15	0,3	0,6	1,21	2,42

4.1.4 So werden Photo CD Bilder druckreif

Bilder selbst druckreif machen: warum eigentlich nicht?

Die Herstellung von Reproduktionsvorlagen für den Druck war bis vor kurzer Zeit die Hauptaufgabe und das alleinige Gebiet von Spezialisten, nämlich den Druckvorlagenherstellern, veraltet auch Lithoanstalten, doch inzwischen ist das Bearbeiten von Scandaten durch die moderne Softwaretechnik einfacher und damit preisgünstiger geworden. Das Zauberwort heißt Reprosoftware. Das sind Programme, die die digitalisierten Daten übernehmen, zum Teil umfangreiche Bearbeitungen ermöglichen und sie in Farbseparationen umwandeln. Farbseparationen sind vier voneinander getrennte Bilddateien für den Vierfarbendruck CMYK, die drei subtraktiven Grundfarben und schwarz. (**C**yan = Blaugrün, **M**agenta = Purpur bzw. Rot, **Y**ellow = Gelb und Blac**k** = Schwarz. Man fragt zunächst, warum es für Schwarz nicht B, also Black heißt, also CMY**B**. Nun war aber das B schon für den Farbraum RG**B**, Rot, Grün, Blau, die drei additiven Grundfarben vergeben, so daß man den letzten Buchstaben des Wortes Black verwendete). Solche Softwarepakete werden u. a. von Purup, Binuscan und Linotype-Hell angeboten. Auch mit Adobe Photoshop lassen sich druckreife Photo CD Bilder herstellen. Das muß man nicht unbedingt selbst erledigen, aber das Wissen über diese Dinge ist schon notwendig. Das Einsparpotential liegt dabei im Photo CD Scan und in der Text-Bildintegration, die häufig mit Quark-X-Press vorgenommen wird. An einem Computerarbeitsplatz werden dabei die Bilder mit den Texten zusammengefügt, die Bilder bis zur Druckreife bearbeitet, farbsepariert und für die Belichtung abgespeichert.

CMYK

4.1.5 Kann der Nichtrepro-Fachmann Bilder für den Vierfarbdruck bearbeiten?

Wissen und Erfahrung sind gefragt

Das ist grundsätzlich möglich. Gerade die Verfügbarkeit von entsprechender Hard- und Software und der Zwang zur Kostenreduktion fordert den Nichtrepro-Fachmann dazu heraus. Man muß nicht unbedingt gleich die gesamte

Druckvorstufe abdecken, einschließlich Belichtung und Andruck. Die Bilder mit entsprechenden Programmen und den nötigen Kenntnissen und Erfahrungen zu bearbeiten und als separierte Dateien zur Belichtung zu geben, ist auch für Nichtrepro-Fachleute schon in greifbare Nähe gerückt. Doch Vorsicht, ganz so einfach, wie es manche Hochglanzprospekte versprechen, ist es nicht. Man braucht natürlich wie bei allen qualifizierten Arbeiten neben einer guten Einarbeitung, guten Werkzeugen auch beträchtliche Erfahrungen. Der Computer stellt nur eines dieser drei Voraussetzungen dar, nämlich das Werkzeug. Aber das allein nützt nichts. Es muß von kundiger, erfahrener Hand geführt werden, was allerdings nicht entmutigen soll. Doch eine Warnung vor allzu leichter Machbarkeit aller Aufgaben mit einem entsprechenden Programm ist immer angemessen. Zumindest muß man mit beträchtlichem Lehrgeld rechnen.

Diese Ausführungen haben noch einen anderen Sinn: die Zusammenarbeit mit den Reprofachleuten zu fördern. Mehr Kenntnisse über die Möglichkeiten der Technik und ihrer Kunst fördern das Verständnis, helfen die Qualitäten besser zu beurteilen, die Preise besser einzuschätzen und schließlich leistungsfähige Partner zu finden. Dieses Buch ist also weniger ein Plädoyer, alles selbst zu machen, als ein Appell an die verschiedenen Fachwelten, näher zusammenzurücken und voneinander zu lernen.

4.1.6 Überblick über die Programme für die Druckvorstufe

Purup PhotoImpress ist ein Reproprogramm, das für den Macintosh konzipiert wurde. Es arbeitet im Stapelbetrieb, ist durch ein Colormanagementsystem unterstützt und wandelt YCC direkt in CMYK um.

Purup Photo Impress

Bei **Binuscan** handelt es sich ebenfalls ein Reproprogramm, das die Photo CD unterstützt, und für automatische Farbkorrektur und -separation geeignet ist. Es wird für Macintosh und für IBM-kompatible PC 486 DX angeboten.

Binuscan

LinoColor

Mit der Software **LinoColor** bieten sich umfassende Möglichkeiten. Sie wird mit allen Scannern von Linotype-Hell ausgeliefert und ist zunächst vor allem für die Verarbeitung von Bilddaten mittels Scannern entwickelt worden, unterstützt aber auch die Photo CD. Es lassen sich Verbindungen zu anderen Programmen, z. B. zu Bilddatenbanken (Cumulus Power Pro) und Adobe Photoshop zur Nutzung der Retuschefunktionen dieses Programms herstellen.

Photoshop

Schließlich ist es möglich, auch mit dem Bildbearbeitungsprogramm **Photoshop** Bilder druckfertig aufzubereiten und zu separieren. Da Photoshop in erster Linie ein Bildbearbeitungs- und kein Reproprogramm ist, bedarf es einiger Erfahrung, gute Resultate zu erzielen.

4.1.7 Die Reprosoftware LinoColor

LinoColor von Linotype-Hell ermöglicht die professionelle Farbreproduktion und -separation ausschließlich auf dem Macintosh. Die Programme LinoColor Lite 4.0 und LinoColor 4.0 unterstützen das Farbmanagement auf Betriebssystemebene mit ColorSync 2.0. Beide Programme wurden für den Power Macintosh programmiert. LinoColor Lite ist die preisgünstigere Version, die verglichen mit LinoColor einen geringeren Anwendungsumfang hat. Beispielsweise fehlt bei LinoColor Lite der JobAssistant, der eine automatische Abarbeitung von Aufgaben ermöglicht. JobAssistant kann im Zusammenhang mit LinoColor das Scannen, die Vorlagenanalyse, die Separation, das Speichern und die Ausgabe in einer Warteschlangenverarbeitung definieren. Die gesammelten Jobs werden dann ohne Bedienereingriff automatisch abgearbeitet. LinoColor kann die unterschiedlichsten Bilddaten verarbeiten:

- Scandaten z. B. von den Scannern SAPHIR, ChromaGraph S 2000, ChromaGraph S 3300 und TOPAZ,
- Daten von digitalen Kameras,
- Daten, die in anderen Programmen erstellt wurden, z. B. Adobe Photoshop und
- Bilddaten, die auf der Photo CD gespeichert sind.

Layoutarbeiten können z. B. in QuarkXPress durchgeführt werden. Sollen Ganzbogen digital montiert werden, kann dies auf der Signastation geschehen. Die Korrekturausgabe wird auf einem Proofer, die Endausgabe auf einem Imagesetter vorgenommen.

LinoColor ist für Photo CD-Anwender deshalb interessant, weil das Programm auch separat, d. h. ohne Scanner von Linotype-Hell gekauft werden kann. Mit entsprechender Schulung – Linotype bietet Kurse an – kann der Macintosh-Anwender seine Bilder selbst in der Druckvorstufe bearbeiten und z. B. die separierten Daten zum Belichtungsstudio geben.

LinoColor ist die Reprosoftware, die in den High-End-Scannern von Linotype installiert ist.

4.1.8 Kostenvergleich

Die nachfolgende Grafik zeigt das gewaltige Einsparpotential auf, das bei Eigenbearbeitung von Photo CD Bildern in der Druckvorstufe ausgeschöpft werden kann. Dabei wurden nur die Scan- und Bearbeitungskosten miteinander verglichen, also keine Belichtungs- oder gar Proofkosten. Abschreibungen wurden nicht berücksichtigt, es wird das Vorhandensein eines Macintosh unterstellt. Die vergleichsweise geringen Anschaffungskosten für eine Reprosoftware fallen nicht ins Gewicht.

Soviel kann bei Selbstbearbeitung gespart werden

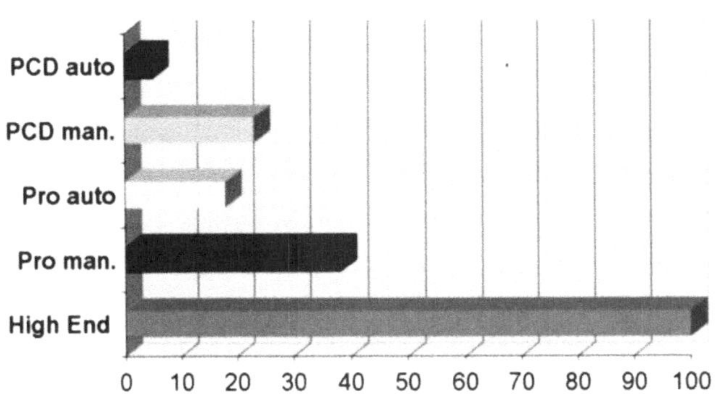

Abb. 4.2: Kostenstrukturvergleich High End-Scan/Photo CD. Pro = Pro Photo CD 64Base, PCD = Photo CD 16Base, man. = manuelle Bearbeitung, auto = automatische Bearbeitung

4.2 Archivierung

Es liegt auf der Hand, daß Langlebigkeit, Geräteunabhängig-
keit und Verfahrensneutralität genutzt werden, um Archive
zu sichern. Ebenso klar ist, daß die Photo CD den Zugriff zu
den Archivbildern enorm erleichtert. Das im Archiv schlum-
mernde Kapital wird aktiviert, da der riesige Wert eines Bildarchivs – man denke nur an die darin enthaltenen Aufnah-
mekosten – wieder effizient genutzt werden kann.

Viele tausend, ja Millionen Dias und Negative liegen in
Archiven. Die meisten sind äußerst wertvoll, sei es aus historischen Gründen, sei es wegen der Kosten, die sie verur-
sacht haben. Wird der Wert eines professionellen Archivs
nur an den ausgegebenen Bildhonoraren oder an den Erstel-
lungskosten (Personal-, Material-, Reise-, Archivierungs-
kosten) gemessen, dann wird deutlich, welche Werte darin
verborgen sind. Und wie sieht es mit der Nutzung und der
Zugänglichkeit aus? Wieviel Zeit vergeht, bis das gesuchte
Foto gefunden ist? Wie oft wird ein Bild benutzt? Welche
Bilder sind überhaupt im Archiv? Wie leicht oder schwer ist
der Zugang? Ist es nicht so, daß nur wenige Eingeweihte
wissen, wie das Archiv aufgebaut ist und was das Archiv
enthält? Wie ist der Zustand der Originale? Werden sie den
Herstellerangaben zufolge kühl aufbewahrt? Wie lange halten sie noch?

Es ist bekannt, daß fotografische Aufnahmen, insbesondere in Farbe, eine begrenzte Haltbarkeit haben. Selbst bei
erstklassiger Filmentwicklung hält ein Dia oder Negativ
nicht viel länger als 50 Jahre. Die Farbstoffe bauen sich ab.
Dias werden oft schon wesentlich früher rot, verblassen, das
Bild verschwindet. Die Erfindung der Farbfotografie in den
40er Jahren unseres Jahrhunderts liegt gerade so weit zurück
wie die Haltbarkeit des damaligen Materials. Für viele dieser
historischen Bilder kommt die Photo CD gerade noch recht-
zeitig. Wie schon in Kap. Digitalisieren und Speichern aufgezeigt, halten die Bilder auf Photo CD wesentlich länger als
das Original. Deswegen werden bereits viele Archive auf
Photo CD übertragen und damit für eine lange Zukunft gesichert.

Archive werden mit der Photo CD nicht nur vor dem Verfall bewahrt, sondern der Zugriff und die Verteilung können in einem ungeahnten Ausmaß erleichtert werden. Die Bilder können nun nämlich mit Suchbegriffen verknüpft und mit Datenbankprogrammen verwaltet werden. Das mühsame und kostenintensive Suchen hat ein Ende. Wir geben lediglich in den Computer ein, welche Bilder wir suchen. In Sekundenschnelle erfolgt die Anzeige, welche Fotos sich im Archiv befinden und sie erscheinen auf dem Bildschirm als Foto. Damit ist auch das Ende der Archivverwaltungsprogramme gekommen, die ausschließlich mit Textbeschreibungen arbeiten. Darüber hinaus gibt das System Informationen über das Bild, z. B. über den Autor, Datum und Ort der Aufnahme, Originalformat usw.

Jetzt werden Fotos nicht nur archiviert, sondern auch leicht verwaltet

Damit aber nicht genug: Wir können das Bild in ein Layout übernehmen, und wir können weitere Anwendungen organisieren, zum Beispiel den externen Zugriff per Datenleitung, oder einen Bestellservice vom Monitor aus, bei dem der Anwender die gewünschten Bilder als Diaduplikat, CD-Feindaten, Overheadfolie, Farbfoto in allen Größen und so fort bestellen kann. Die Bestellung kann über weite Entfernungen online oder mit Fax erfolgen. Eine zentrale Archivverwaltung oder ein zentraler Dienstleister sorgt für schnellen Service. Je nach Aufgabenstellung des Archivs sind hochinteressante, kostengünstige, schnelle, zugriffsfreundliche und sichere Anwendungen möglich.

4.2.1 Grundüberlegungen für ein digitales Bildarchiv

Im Informationszeitalter, in dem der Kommunikationswettbewerb eine ähnlich große Rolle spielt wie der Produktwettbewerb, ist es von entscheidender Bedeutung, über die besseren und effektiveren Kommunikationswerkzeuge zu verfügen. Dabei kommt der visuellen Unterstützung durch Bilder ein hoher Stellenwert zu. Der Satz *Ein Bild sagt mehr als tausend Worte* ist zwar nicht allgemeingültig, aber auf den Informationsgehalt, die Übersichtlichkeit und nicht zuletzt auf die emotionale Wirkung von Bildern wird man nicht

Die Photo CD in der (internationalen) Kommunikation

verzichten wollen und – mit der weiter zunehmenden Internationalisierung – auch nicht können.

Fragen zum Ist-Zustand

Zunächst sind einige Überlegungen anzustellen bzw. der Ist-Zustand zu analysieren. Wie hoch ist der Aufwand für die Archivverwaltung (auch Personalkosten)? Um welche Menge geht es? Um welches Bildmaterial handelt es sich (Negative, Dias, welche Größen, Dateien)? Wie hoch war der Beschaffungswert (Aufnahme-, Scan-, Bearbeitungskosten etc.)? Wie ist der Zustand der Fotos, sind sie schon vom Verfall bedroht? Wieviel der im Archiv befindlichen Bilder werden künftig wirklich gebraucht? Wie häufig wird das Archiv genutzt? Kennen alle Nutzer den Inhalt des Archivs? Wie steht es um die Lagersicherheit (klimatische Bedingungen, Diebstahl, Brand)? Wie lange dauert es, ein Bild zu finden, zu versenden oder auszuleihen und wieder einzuordnen? Wieviele Bilder kommen jährlich hinzu?

Die Ziele des digitalen Archivs

Sodann ist es notwendig, sich über die Ziele des Bildarchivs im Klaren zu werden. Welche Verbesserungen werden von einer Digitalisierung erwartet? Gibt es schon Anwendungen, die als Beispiel gelten können? Sollen Archive zentralisiert oder dezentralisiert werden? Soll das Archiv ausgelagert werden? Wie sehen die Ziele für die Kostenreduzierung aus? Welchen Zugriff sollen die Nutzer bekommen? Welche Anwendungsformen sind geplant (Diaduplikate, Originalausleihe, Feindaten, Farbbilder, digitale Plakate usw.)? Welche Systeme benutzen die Anwender (Betriebssystem, Programme, Laufwerke, Drucker)? Ist damit eine angemessene Qualität möglich? Wie soll die künftige Nutzung finanziert werden?

Bedarfsanalyse

Als nächstes ist eine Bedarfsanalyse erforderlich. Bevor man sich auf die Bilddatenbank-Software konzentriert, sollte geklärt werden, was in welcher Form, Menge und Zeit benötigt wird. Wozu wird ein digitales Archiv gebraucht? Soll in der Druckvorstufe gespart werden? Wird digitales Bildmaterial für Multimedia-Anwendungen oder Bildkataloge eingesetzt?

Als dritter Schritt für den professionellen Ein- oder Umstieg in die digitale Welt ist eine Vision oder ein Szenario nötig. Dabei sollte man sich zunächst nicht von der technischen Realisation oder den Kosten leiten lassen, sondern allein von einem Wunschziel.

Bei komplexen Lösungen ist in jedem Fall der Einsatz eines Kommunikationsberaters sinnvoll, weil dadurch viel Zeit und Kosten gespart werden können und das Risiko einer Fehlplanung minimiert wird. Auch beim Projektmanagement empfiehlt sich u. U. der Einsatz eines einschlägigen Fachmannes.

4.3 Datenbanken

Datenbankprogramme bieten eine komplexe Verwaltung digitaler Datenbestände an. Bilder können beispielsweise mit einer Datenbank gesucht, sortiert angezeigt und abgelegt werden. Außerdem gibt es vielfältige Statistik- und Abrechnungsmöglichkeiten. Basis solcher Datenbanken sind neben den digitalisierten Bildern die Datensatzstrukturen, also, im Fall einer Bilddatenbank, die mehr oder weniger umfangreiche Beschreibung und Strukturierung der Bilder. Datenbanken erleichtern die Suche nach den Bildern im elektronischen Archiv auf solch eine Weise, daß man sich bald nicht mehr vorstellen kann, wie die Dias früher aus Ordnern, Journalen, Karteikästen, Archivschränken usw. gesucht wurden. Eigentlich fängt ein Archiv erst zu leben an, wenn nicht nur wenige Eingeweihte wissen, was im Archiv vorhanden ist. Geld verdient ein Archiv erst, wenn das Suchen, Versenden, Verwalten, Ablegen und Abrechnen über eine Datenbank online erfolgt. Eine Vielzahl von Datenbankprogrammen wird angeboten. Die Schwierigkeit besteht darin, das Passende zu finden, denn nicht jedes Archiv hat die gleichen Aufgaben. Die Preise liegen weit auseinander. Die Spannbreite reicht von DM 300 bis DM 30.000. Bei einem großen Archivbestand (ab 10.000 Bildern) lohnt es sich deshalb, einen geeigneten Berater hinzuzuziehen.

Bekannte Datenbankprogramme sind: Image Finder von Docuphot/Bertelsmann, Canto Cumulus, Phrasea, Adobe Fetch.

Canto Cumulus
Datenbank

Canto Cumulus liegt je nach Version zwischen DM 500 und DM 3.000,–. Die Software ist für die Workgroup-Server mit Power PC Technologie von Apple optimiert. Man kann die Bilder in Sekundenschnelle finden, importieren, auf andere Datenträger ablegen. Mit seiner Katalogisierungsfunktion ist eine Datenbank schnell erstellt. Auch mehrere Arbeitsstationen können Zugriff haben. Cumulus verfügt über zahlreich Adapter zu allen gängigen Layoutprogrammen und läßt sich damit in Publishing-Umgebungen einpassen.

4.4 Duplizieren

Kein Qualitätsverlust
beim Duplizieren
einer CD

Von den Bilddaten auf der Photo CD sind absolut verlustfreie Photo CD-Kopien möglich. Da es sich um eine digitale Kopie handelt, entsteht keinerlei Verlust an Qualität. Dabei können von einer bespielten Photo CD auch nur einzelne Bilder zum Kopieren ausgewählt und auf eine neue Scheibe überspielt werden. Auf diese Weise ist es möglich, sich aus mehreren Scheiben Bilder auszuwählen und diese zu einer neuen Photo CD zusammenzustellen. Das Kopieren nimmt die gleiche Zeit wie beim Ersttransfer in Anspruch, da die Daten zuerst von der Mutter-CD gelesen und wieder sequentiell auf die neue Scheibe geschrieben werden.

Das Duplizieren der Photo CD erfolgt beim Dienstleister. Dort wird die Photo CD in ein Laufwerk gelegt, gelesen, und die Bilder werden auf einem Writer kopiert. Die folgende Tabelle 4.9 listet verschiedene Möglichkeiten auf, von welcher Photo CD auf welche kopiert werden kann. Beim Kopieren kann man wählen, ob und wieviele Indexprints erstellt und ob die gesamte Photo CD oder einzelne Bilder übertragen werden sollen. Dabei kann auch die Reihenfolge geändert werden. Weiterhin ist es möglich, aus mehreren CDs einzelne Bilder auszuwählen und eine neue CD zusammenzustellen sowie einzelne Bilder zu löschen. Ein Wiederbeschreiben des gelöschten Speicherplatzes ist ausgeschlossen. Beim Kopiervorgang ist allerdings das Einfügen von Wasserzeichen sowie das Entschlüsseln eines wasserzeichengeschützten Bildes möglich, wobei natürlich die Codebezeichnung eingegeben werden muß.

Tabelle 4.9: Kopiermöglichkeiten

Original-Datenträger	Ziel-Datenträger
Photo CD Master	Photo CD Master Pro Photo CD Master Portfolio II CD Magnetplattenverzeichnis
Pro Photo CD Master	Pro Photo CD Portfolio II CD Magnetplattenverzeichnis
Portfolio II CD Magnetplattenverzeichnis	Portfolio II CD Magnetplattenverzeichnis Portfolio II CD Magnetplattenverzeichnis

Das Kopieren ist preisgünstiger als die Erstübertragung auf die Photo CD, da kein Scanvorgang und in der Regel auch keine Korrektur erforderlich sind. Andererseits ist der Lese- und Schreibvorgang zeitaufwendig, da das System alle Daten bis zur höchsten Auflösung sequentiell lesen und wieder mit dem Laserstrahl schreiben muß. Insofern ist das Kopieren einer Photo CD nicht mit dem Kopieren eines Diaduplikates zu vergleichen, wo mit einer kurzen Belichtung alle Bildinformationen auf den Duplikatfilm übertragen werden. Die Kosten betragen daher etwa 50% des Ersttransfers. Dazu kommt wieder einmalig die unbeschriebene Photo CD und ggf. das Indexprint. CD-Kopien mit der hier beschriebenen Methode sind preislich attraktiv bis etwa zur Auflage 100. Höhere Auflagen können über das Glasmastering vervielfältigt werden (Abschnitt 4.5). Natürlich wird man bei kleinen Auflagen

Beim Kopieren nur die gewünschten Motive übertragen lassen

Was kostet das Kopieren?

überlegen, eine selbst gestaltete Inlaycard in die Jewelbox zu legen, um so eine Informations- oder Werbeaussage zu verstärken. Mit dem Kopieren von Kleinstauflagen sind sehr interessante Anwendungen möglich:

Alle Anwender verfügen über dieselbe Bildqualität

– Mehrere Anwender können zur gleichen Zeit über dieselben Bilder in absolut identischer Qualität verfügen.

– Der Versand von Feindaten mit der Photo CD ist preisgünstig.

– Es brauchen nur die Bilder kopiert werden, die ein anderer Anwender erhalten soll.

– Bilder können nachträglich mit einem Wasserzeichen verschlüsselt werden.

4.5 Photo CD Vervielfältigungen

Auflagen pressen schon ab 100

Das Anfertigen von Einzelkopien von Photo CD Bildern wurde bereits im vorigen Abschnitt besprochen. Jetzt geht es um die Herstellung von größeren Auflagen. Ähnlich wie bei der Audio CD ist es möglich, die Photo CD auch in großen Stückzahlen herzustellen. Bis zur Auflage 100 werden die Vervielfältigungen über einen CD Writer durchgeführt. Ab Auflage 100 lohnt sich die Vervielfältigung über das Pressen. Sämtliche Vorteile der Photo CD bleiben erhalten: Zugriff auf verschiedene Auflösungsstufen, für den Druck geeignete Daten, breite Abspielbasis, internationaler Standard. Einsatzgebiete sind: Pressearbeit, Öffentlichkeitsarbeit, Verkauf von Bildern, Verteilen von häufig benötigten Bildern eines Firmenarchivs an die Tochtergesellschaften usw.

4.5.1 Glasmastering

Um CDs in großen Auflagen vervielfältigen zu können, ist das sogenannte Glasmastering erforderlich. Dabei wird von der „Mutter-CD" eine Matrize hergestellt, von der die Auflage gepreßt werden kann. Ein Laserstrahl belichtet einen lichtempfindlichen Lack auf einer Glasplatte. Nach der Entwicklung bleiben an den Stellen, die vom Laserlicht getroffen wurden, Erhöhungen stehen. Danach wird das Master mit Silber bedampft, um für den nachfolgenden galvanischen Prozeß leitfähig zu sein. Nun wird in mehreren komplizierten Vorgängen hin- und herkopiert und dabei das Master mit Nickel beschichtet. Zum Schluß entsteht die Generation der Matrizen, von denen je nach Auflage mehrere gezogen werden, um ggf. gleichzeitig auf getrennten Maschinen pressen zu können. Das Glasmastering ist eine relativ teure Angelegenheit, die sich nur bei Auflagen von mindestens 100 Stück lohnt. Da die Masteringkosten ähnlich den Lithokosten nur einmal anfallen, verteilen sich diese fixen Kosten auf die gesamte Auflage.

Glasmastering sind fixe Kosten

Galvanischer Prozeß

4.5.2 Pressen

Die Matrize wird nun in die CD-Preßanlage eingesetzt. Zwischen einer glatten Platte und der Matrize spritzt die Maschine bei Hochdruck und einer Temperatur von über 300 °C flüssiges Polycarbonat ein. Es verteilt sich gleichmäßig und nimmt die Form der Matrize an. Damit sind die Bilddaten übertragen. Die abgekühlte CD erhält nun eine dünne Aluminiumschicht und wird gegen Alterung und Beschädigung lackiert. Abschließend wird das 15 mm-Loch in der Mitte präzise ausgestanzt.

Preiswert und schnell: das Pressen

4.5.3 Labeldruck

Der Labeldruck erfolgt im Siebdruck. In der Regel ist ein ein- oder zweifarbiger Aufdruck auf die CD im Preis enthalten. Drei- und vierfarbiger Labeldruck ist möglich, kostet aber zusätzlich. Beim farbigen Labeldruck werden die Abbildungen mittels Farbtönen aus dem Pantone-Fächer gedruckt. Die verwendeten Farben sind deckend. Unterschiedliche Farben werden nebeneinander, meist mit 100% Farbauftrag gedruckt. Vierfarbiger Motivdruck ist ebenfalls möglich. Motivdruck heißt, daß farbige Darstellungen aus den transparenten Grundfarben Gelb, Magenta, Cyan und -wie im Vierfarbdruck üblich – Schwarz aus der Euroskala anhand von gerasterten Halbtonfilmen erzeugt werden. Dieser Motivdruck erfordert ebenfalls einen Aufpreis.

Abb. 4.3: Einfarbiger Labeldruck auf die Presse-CDs von Opel zur IAA 1995

Als Kopiervorlage für den Siebdruck muß ein klarer Positivfilm seitenrichtig, Schichtseite oben vorliegen. Die maximale Druckfläche ist durch den Außendurchmesser 114 mm und den Innendurchmesser 19 mm begrenzt. In jedem Fall ist es wichtig, sich vom Dienstleister genaue Spezifikationen geben zu lassen.

4.5.4 Konfektionierungen

Die übliche Konfektionierung einer CD ist das sogenannte Jewelcase, eine Klarsicht-Kunststoffbox, in die separate Drucksachen eingefügt werden. Es gibt zusätzlich eine große Vielfalt von Konfektionierungen für die Scheiben, von Stecktaschen in unterschiedlichen Papierstärken angefangen über eigens gestaltete Taschen aus unterschiedlichen Materialien bis zur Mehrfach CD-Box. Wichtig für den Anwender ist die frühzeitige Planung einer solchen Konfektionierung, damit die Produktion ohne Zeitverzug organisiert werden kann. Dabei sind Überlegungen über den Inhalt der Booklets und Inlaycards, über die Herstellung und die Konfektionierung anzustellen. Für die Kostenkalkulation ist die Tatsache bedeutsam, daß die Konfektionierung in Jewelcases und in Standardstecktaschen maschinell erfolgen kann. Sonderkonfektionierungen müssen von Hand erfolgen und liegen entsprechend höher im Preis. Als zweckmäßig hat sich die Vergabe der CD-Vervielfältigung, der Drucksachenproduktion und der Konfektionierung in eine Hand erwiesen, da dann nicht nur günstigere Preise ausgehandelt werden können, sondern auch die Verantwortlichkeit für Qualität und Liefertermin eindeutig feststehen.

*Standard-
Konfektionierung für
CDs: Das Jewelcase*

*Kosten senken durch
maschinelle
Konfektionierung*

Für einen geringen Preisaufschlag können die Jewelcases cellophaniert werden. Dieses erhöht die Attraktivität der Verpackung und kann dem Endanwender signalisieren, daß er die originalverpackte CD in Händen hält.

4.5.5 Booklets und Inlaycards

Unter Booklet, Inlay- oder Covercard wird eine Drucksachen-Einlage in das Jewelcase verstanden. Sie sind in der Regel ab einer Auflage von 1.000 Stück sinnvoll. Das Booklet kann als Textheft oder Leporello gestaltet sein. Inlay- bzw. Covercards sind die Fachbegriffe für den „Titel" im Jewelcase. Die Gesamtgröße der Inlaycards ist 151 x 118 mm. Von den 151 mm gehen jeweils 6,5 mm für den Rücken ab. Das Jewelcase hat sozusagen zwei Rücken, so daß für den eigent-

*Nicht vergessen: Anwenderhinweise für
Installation und
Gebrauch*

lichen Titel eine Fläche von 138 x 118 mm verbleibt. Die Filme für die Inlaycard sollten Offsetfilme aus der Euroskala sein.

Abb. 4.4:
Konfektionierungen in Jewelboxen mit Inlaycard und Schuber zur Markteinführung der neuen E-Klasse von Daimler-Benz

4.6 Ausdrucke

Von der Photo CD können Prints erstellt werden. Sowohl Thermosublimationsdrucke als auch Diabelichtungen erreichen dabei Fotoqualität. Am PC lassen sich, wie schon gesagt, Layouts erstellen und auf Laser- oder Inkjetdruckern ausgeben. Selbst digitale Farbdrucke im Großformat bis DIN A0 sind in guter Qualität möglich. Auch Overheadfolien sind mit geeigneten Druckern über die Photo CD herzustellen.

4.6.1 Drucken

Ist die Gestaltungsarbeit am PC abgeschlossen, gehen wir in MS Word 6.0 am besten nicht auf das Icon Drucken, sondern über Datei/Drucken. Das ist deswegen empfehlenswert, weil hier die Möglichkeit besteht, die Seite auszuwählen und die Stückzahl zu bestimmen, vor allem aber, weil die Druckeroptionen geprüft und geändert werden können. Für den Druckertyp HP 1600 C gibt es z. B. drei Möglichkeiten, die Druckqualität einzustellen: Schnell, Normal und Präsentation. Zusätzlich kann zwischen verschiedenen Materialien gewählt werden, auf denen gedruckt werden soll: Normalpapier, Hochglanzpapier, Folie usw. Die Qualitätsunterschiede bei den Drucken sind z. T. erheblich, besonders zwischen dem Normalpapier und dem Hochglanzpapier, das allerdings wesentlich mehr kostet.

Selbst aus dem PC drucken: Die Qualität wird vom Drucker bestimmt

Die beste Kombination ist die Einstellung des Druckers auf Präsentation und die Verwendung von Hochglanzpapier. Die Erkenntnis nach einer Reihe von Versuchen lautet: Die Qualität wird vom Drucker bestimmt, die Photo CD liefert sie. Schlechte Druckergebnisse sollte man daher nicht vorschnell der Photo CD anlasten, sondern an einem guten Drucker überprüfen. Darüber hinaus ist die Papierqualität von erheblicher Bedeutung.

Die Qualität auf der Photo CD ist besser, als der beste Tintenstrahldrucker zeigen kann

4.7 Vorstufe für Multimedia und Internet-Einträge

Photo CD Bilder werden schon sehr häufig für die Erstellung von interaktiven Produktionen auf CD ROM, für das Electronic Publishing und für Internet-Einträge verwendet.

4.8 Präsentation

Mit einem Photo CD- oder CD-i-Player können Photo CDs auf einem handelsüblichen Fernseher abgespielt werden. Der Photo CD Player spielt übrigens auch Audio CDs. Man kann die Bilder einzeln über Nummern in beliebiger Reihenfolge

Mobile Präsentation auf Messen und bei Verkaufsgesprächen

aufrufen und mit einer Zoomfunktion vergrößern. Die Schaltung „Autoplay" mit „Repeat" wird gewählt, wenn die Bilder automatisch im Endlos-Dauerlauf wechseln sollen. Das ist z. B. auf einer Messe sinnvoll. Dabei kann gewählt werden, ob die einzelnen Bilder 2, 4 oder 8 s stehenbleiben sollen.

Die Präsentation von Fotos am Computer ist mittels eines CD ROM-Laufwerks möglich. Ein Notebook mit CD ROM-Laufwerk eröffnet neue Chancen der mobilen Präsentation, z. B. für den Außendienst.

Für die Großprojektion auf einer Leinwand ist die Kombination Computer/Beamer (Datenprojektor) erforderlich. Für eine gute Auflösung und brillante Projektion sind Großgeräte nötig, die eine Aufstellfläche von zwei m^2 verlangen. Allein die drei Objektive für die Farben Rot, Grün und Blau wiegen zusammen nahezu 30 kg. Gute Beamer sind deswegen noch immer sehr teuer.

Für geringere Ansprüche und Projektionsgrößen bis etwa 100 x 150 cm gibt es aber schon tragbare Geräte. In der Projektionsqualität reichen sie aber an ein gutes Diapositiv noch nicht heran. Sie haben jedoch wegen der eleganten und kostengünstigen Präsentationsmöglichkeit direkt vom Computer aus (z. B. mit Microsoft Power Point) und vertont noch eine große Zukunft vor sich. Vorerst ist es in den meisten Fällen sinnvoll, solche Geräte für Veranstaltungen zu mieten.

Auf Messen, in der Medizin, aber auch in Schule, Universität und Religionspädagogik und im geschäftlichen Vortragswesen erobert sich die Photo CD ein Einsatzfeld als Präsentationsmedium. Im Zeitalter der Videoclips mit dem oft schon als schmerzlich empfundenen raschen Bildwechsel ist das ruhig stehende Bild eine Wohltat. Für verschiedene Zwecke ist das stehende Bild wertvoller als die Bewegtbildtechnik. Die Vermittlung von Bildinhalten mit Erläuterung durch den Vortragenden und der Möglichkeit von Frage und Antwort sind nicht zu ersetzen. Auch aus diesem Grund werden Dia und Overheadfolie nicht verdrängt werden und deswegen hat die Photo CD auch als Lieferant von „elektronischen Dias" eine Berechtigung.

Diese Vorteile werden auf Messen und in Verkaufsräumen eingesetzt und erzielen eine genau dosierte Wirkung: Einerseits vermittelt die Photo CD durch ihre elektronische Anmutung den Trend der modernen Zeit. Andererseits ist sie am Übergang vom stehenden zum bewegten Bild angesiedelt. Denn durch den Bildwechsel kommt natürlich auch Bewegung an den Messestand. Der Besucher bleibt stehen und betrachtet den Bildinhalt (er sollte natürlich im besten Sinn „fesselnd" sein. Langweilige Bilder erzielen diesen Effekt nicht). Jetzt ist der richtige Zeitpunkt für das Stand- bzw. Verkaufspersonal, Kontakt aufzunehmen (hoffentlich nicht mit der Frage „Kann ich Ihnen helfen"!). Mit der Fernbedienung kann jedes gewünschte Bild aufgerufen werden. Diese Technik unterstützt den Vortrag oder das Verkaufsgespräch sehr wirkungsvoll.

Schließlich ist die oben geschilderte Verbindung von Photo CD und Photo CD Player auch mobil einsetzbar. Ein Notebook mit CD ROM Laufwerk und Photo CD, schon hat der Referent bzw. Verkäufer ein wirkungsvolles, preisgünstiges und leicht aktualisierbares Instrument für seine Darstellung.

Die mobile Präsentation

4.9 Writable und Printable CD

Die *Writable CD* ist ein Speichermedium, das auch als CD R (Recordable) bekannt ist. Mit ihr können Daten auch über einen CD-Schreiber gespeichert werden, der nicht dem Kodak Photo CD Standard entspricht.

Writable CD

Jetzt gibt es auch die *Printable CD* von Kodak, die sich mit Hilfe von speziellen Tintenstrahldruckern mit Texten, Grafiken, Logos oder Barcodes in schwarzweiß und Farbe versehen läßt. Die Printable CD kann auch mit Filzstiften beschrieben werden. Sie entspricht sonst der Kodak Writable CD. Mit dem Aufdruck ist nicht nur eine verbesserte Aufmachung bzw. ein Werbeeffekt verbunden, sondern er verbessert auch die Handhabung. Bisher waren die Scheiben nahezu anonym und leicht verwechselbar, wenn sie erst einmal aus der Hülle bzw. dem Jewelcase genommen wur-

Printable CD

CDs bedrucken auch in Kleinstauflagen

Eindeutige Kennzeichnung

den. Nun ist es möglich, die Scheiben eindeutig zu kennzeichnen und das schon bei Einzelstücken und kleinen Auflagen. Da sich die Anschaffung eines CD Printers, der mit 360 dpi arbeitet, nur für wenige Anwender lohnen wird, übernehmen Dienstleister diese Aufgabe.

4.10 Die Photo CD in der Presse- und Öffentlichkeitsarbeit

Presseinformationen

Das Problem der Pressearbeit besteht darin, Informationen, auch Bildinformationen, auf eine attraktive und für den Journalisten praktisch handhabbare Weise anzubieten. Bei Fotos soll ein eindeutiger Bezug zwischen Bild und Text hergestellt sein. Die Vervielfältigung muß erstklassige Qualität aufweisen, sehr schnell vor sich gehen, darf nicht viel kosten und muß von Vertraulichkeit begleitet sein, denn Presseinformationen handeln immer auch im Umfeld des Wettbewerbs.

Pressefotos

Bei den Pressefotos hat sich bereits der Wandel vom Schwarzweißfoto mit Textfahne auf der Rückseite zum Farbbild mit Rückseitenaufdruck und zum hochwertigen Pressedia mit Rahmenaufdruck und Konfektionierung in Klarsichthüllen ergeben. Da die Presse mehr und mehr mit dem PC arbeitet, wird der Pressetext meist zusätzlich als Diskette den Pressemappen beigefügt.

Die Photo CD ist systemkompatibel für alle gängigen Betriebssysteme

Auch die Journalisten verfügen inzwischen über PCs mit CD ROM Laufwerken. Was liegt da näher, als gedruckte Presseinformationen mit guten Pressedias zu ergänzen. Diese haben den Vorteil, bedeutend günstiger als Papierabzüge zu sein und dazu noch bessere Qualität aufzuweisen und durch einen Aufdruck auf das Diarähmchen Bild, Text und Logo zu kombinieren. Der Journalist kann nun das Dia scannen und weiterverarbeiten.

Noch besser ist es, die Pressebilder bereits digitalisiert beizulegen und zwar in einer Qualität und mit einem Standard, daß keine Wünsche offenbleiben. Genau diese Anforderungen erfüllt die Photo CD, die 100 Kleinbilddias in fünf Auflösungsstufen mit druckfähiger Qualität anbietet und systemkompatibel für alle gängigen Betriebssysteme ist. Die Texte können dem Bild eindeutig zugeordnet werden, denn beim Transfer kann ein frei definierter Text in die Copyrightdatei geschrieben werden. Schließlich ist eine Photo CD leicht, problemlos und preisgünstig in kurzer Zeit mit Labelaufdruck zu vervielfältigen. Schon ab einer Auflage von 100 werden Preise unter DM 20,- je CD einschließlich fixer Kosten erzielt bei 100 Bildern pro Scheibe. Das bedeutet DM 0,20 je Bild in druckfähiger Qualität einschließlich dem Komfort, daß der Anwender am PC selbst das Layout ausdrucken kann und somit keine Scankosten mehr hat. Im Praxisteil werden realisierte Projekte vorgestellt. Bald werden solche Projekte mit Datenfernübertragung kombiniert werden können, was die Zykluszeiten weiter verkürzt.

In diesem Zusammenhang ist es interessant zu wissen, daß die Texte aus der Photo CD Copyright-Datei leicht in Textdokumente zu kopieren sind. Der Vorgang in der Anwendung mit Word ist in Abschnitt 3.5.5 detailliert beschrieben.

Texte kopieren leicht gemacht

4.11 Die Photo CD im Verlagswesen

Für Bücher ist die Photo CD wie geschaffen. Farbige Abbildungen können unter Zuhilfenahme der digitalen Bilddaten von der Photo CD in ausgezeichneter Qualität gedruckt werden. Es gehört keine große Prophetie dazu, daß Verlage in absehbarer Zeit von ihren Autoren nicht nur wie bisher das reproduktionsreife, bereits digitalisierte Manuskript (eigentlich besser Compuscript) verlangen, sondern auch digitalisierte Bilder statt der bisher üblichen Dias.

Insbesondere das wissenschaftliche Publizieren ist durch die Photo CD sehr viel einfacher und preisgünstiger geworden. Da beispielsweise an den medizinischen Fakultäten und in einschlägigen Archiven meist Kleinbilddias vorhanden sind, ist somit eine gute Basis für die preiswerten Photo CD Scans und ihren Einsatz vorhanden. Die Photo CD eignet sich auch aus einem anderen Grund für die Arbeit der Verlage: sie speichert fünf oder sechs verschiedene Auflösungen bis hin zu Feindaten, mit denen erstklassige Drucke und Overheadfolien am PC erstellt werden können. Da die Photo CD in Auflagen schon ab 100 Stück preisgünstig vervielfältigt werden kann, ist deren Verlegen nicht auf Multimedia CD ROMs oder interaktive CDs beschränkt. Man kann zusätzlich zum Buch auch hochwertige Bilder in digitalisierter Form publizieren, mit denen dem Leser ein vielfacher Nutzen angeboten werden kann. Gute Archivprogramme und erstklassige Farbdrucker zu erschwinglichen Preisen nehmen zu. Einem Buch kann eine Photo CD beigefügt oder eine solche zusätzlich angeboten werden, die die Bilder über Suchfunktionen in kürzester Zeit auf dem Monitor des Lesers anzeigt und gleichzeitig eine druckfähige Qualität anbietet.

Den Nutzen für den Leser vervielfachen: Zu den Büchern Diaserien, Overheadfolien und Photo CDs mit Bildern in druckfähiger Qualität anbieten

Gerade im wissenschaftlich orientierten Verlagswesen kommt dem Bild eine immer größere Bedeutung zu. Inhalte werden wesentlich leichter über Bilder als über Texte aufgenommen und behalten. Mehr und mehr gehen deshalb Verlage dazu über, die Bilder ihrer Bücher zusätzlich als Dias, Overheadfolien und auf Photo CDs zur Verfügung zu stellen.

4.12 Die Photo CD in der Medizin

Erfahrungsschatz in fotografischen Aufnahmen

Die Fotografie, speziell das Diapositiv, ist ein festes, nicht mehr wegzudenkendes Medium der medizinischen Forschung und Lehre. Millionen von Aufnahmen sind entstanden, täglich kommen Tausende in Kliniken, Forschungseinrichtungen und Labors hinzu. Ein humorvoller Spruch sagt: Nimm dem Mediziner das Dia weg, und es ist so, als ob Du einem Südländer beim Sprechen die Hände auf den Rücken bindest. In diesen fotografischen Aufnahmen liegt ein unverzichtbarer Erfahrungsschatz. Es gilt, diese riesigen Bildbestände zu erschließen, sie zugänglich und nutzbar zu machen. Man hat hier mit der gleichen Problematik wie in der Wirtschaft zu tun, die wir bereits im Abschnitt *Das digitale Archiv* kennengelernt haben.

Das Problem besteht also darin, vorhandene und neu entstehende wichtige fotografische Aufnahmen so zur Verfügung zu stellen, daß das Bildmaterial intensiv für die eigene Arbeit, für den Austausch mit anderen wissenschaftlichen und klinischen Einrichtungen und mit interdisziplinären Fächern genutzt werden kann. Dabei erschwert der rasche technologische Fortschritt, vor allem aber die knappen Mittel eine zügige Investition. Die Medizinfotografen und andere dafür Verantwortliche stehen deswegen vor gewaltigen Herausforderungen und schwierigen Entscheidungen. Die Wissenschaftler, mit zum Teil enormen Kenntnissen in der Bildkommunikation und zunehmend eigener Hard- und Software, drängen zur Anwendung der neuen Techniken.

Sicher ist, daß nur die Digitalisierung der Bilder die Effizienz bieten kann, die in wachsendem Maße unverzichtbar wird. Gleichzeitig erhöht die systematische Nutzung der digitalen Techniken die Wirtschaftlichkeit. Da auch in der Wissenschaft Zeit sehr kostbar ist, ist das schnelle Auffinden, Ablegen und der gleichzeitige Zugriff von zahlreichen Wissenschaftlern auf die Bilder sehr effizient. Ist dies auch noch verbunden mit einer Vielfachnutzung der Vorlagen -Eignung für Druckvorlagen, Präsentationen im Hörsaal und unterwegs, Layoutarbeiten am eigenen PC, Multimediatauglichkeit und Großprojektion-, dann wäre das richtige Medium gefunden. Somit ist nur noch das Geld für dieses Medium zu investieren.

Systematische Nutzung erhöht die Wirtschaftlichkeit

Fortschrittliche Mediziner haben frühzeitig erkannt, daß ihre Arbeit durch die Photo CD bei komplexen Aufgabenstellungen in Forschung und Kommunikation unterstützt werden kann. Die oft vielen tausend Bilder werden – einmal auf die Photo CD gespeichert und mit einer Datenbank verbunden – leicht und sicher auffindbar. Für das fehlende Geld zur Investition bietet allerdings die Photo CD keine Lösung an, es sei denn, man läßt den günstigen Scanpreis der Photo CD als Beitrag dazu gelten. In der Tat ist es so, daß ein Diascanner im Klinikum für ein hochauflösendes Bild zehn Minuten benötigt. Das bedeutet zehn Minuten Arbeitszeit mit entsprechenden Kosten. Hier ist die Photo CD konkurrenzlos überlegen. Eine extern angefertigte Photo CD kostet einen

Die Photo CD als zentrales Medium in der medizinischen Bildkommunikation

Bruchteil davon, verschlingt keine fixen Kosten und hat die Vorteile, fünf Auflösungsstufen, Speicherung auf einem preisgünstigen, handlichen und haltbaren Medium und Eintrag in die Copyright-Datei anzubieten; alles Vorteile, die ein normaler Scan nicht erreicht.

Datenschutz bei externem Transfer

Bei einer externen Vergabe solcher Transfers, insbesondere bei patientenbezogenen Bildern müssen selbstverständlich die datenschutzrechtlichen Bestimmungen beachtet und ihre Einhaltung gegebenenfalls vertraglich abgesichert werden. Diese Problematik sollte kein unüberwindliches Hindernis für den Einsatz der digitalen Techniken in der Medizin darstellen.

In verschiedenen Kliniken gibt es bereits ein Herantasten an die digitale Speicherung auf die Photo CD. Als Beispiel sei das Universitätsklinikum Benjamin Franklin in Berlin genannt. In der Fotoabteilung dieses großen Klinikzentrums werden bereits digitale Archive angelegt und sinnvolle Abfragemöglichkeiten sowie das wissenschaftliche Arbeiten mit den Bildern für Vorträge, Veröffentlichungen und andere Forschungsarbeiten erprobt.

4.13 Die Photo CD Portfolio II

Dateien im Originalformat und in Image Pacs speichern: Jedes einzelne Bild in fünf oder sechs verschiedenen Auflösungen

Die Kodak Photo CD Portfolio II kann alles speichern, was die Photo CD Master und die Pro Photo CD Master nicht speichern können. Die Portfolio II ist deshalb das Kodak CD-Medium mit der offensten Architektur. Bilddaten der Grafikformate TIFF, PICT und BMP können in ihrer ursprünglichen Form und/oder in Image Pacs gespeichert werden. Damit können die Daten von Trommel- und Flachbettscannern und von digitalen Kameras auf die Portfolio II geschrieben werden. Jeder, der z. B. Computergrafiken erstellt, kann sie nicht nur als Dia ausbelichten lassen, sondern auch auf die Portfolio II im Originalformat sichern.

Die Hauptvorteil liegt dabei, die Dateien auch im Image Pac, d. h. mit den verschiedenen Auflösungsstufen zur Verfügung zu haben. Die Festplatte oder Wechselplatte wird für die Daten nicht mehr benötigt, die Dateien sind unlöschbar gespeichert und können wieder elektronisch präsentiert bzw. weiterverarbeitet werden.

Nun ist es möglich, Aufsichtsvorlagen sowie Dias und Negative größer als 4 x 5 inches zu scannen und im Photo CD-Format zu speichern. Außerdem können mit Portfolio II Multimediaprogramme erstellt werden, die sowohl auf CD ROM Laufwerken als auch am handelsüblichen Fernsehgerät abgespielt werden können. Zum Beschreiben kann man sich an einen professionellen Dienstleister wenden. Serviceunternehmen mit der Kodak Photo CD Transferstation können dabei Image Pacs auch in 64Base-Auflösung speichern.

Image Pacs in 64Base Auflösung speichern

Der Anwender kann nun selbst die Kodak Build-it-Software auf seinem Mac oder Windows NT-System installieren. Er kann Image Pacs erzeugen und mit dem Kodak Writer auf Portfolio II schreiben, wobei es jedoch nicht möglich ist, 64 Base-Bilder als Image Pac zu schreiben. Das ist den Betreibern einer PIW (Photo CD Image Workstation) vorbehalten. Dem Profi-Dienstleister mit einer PIW kommt damit eine besondere Aufgabenstellung zu: Er kann sowohl die Photo CD Master, die Pro Photo CD Master mit allen Korrektur- und Servicemöglichkeiten als auch den Portfolio II-Service mit 64Base Image Pacs ausführen. Weder Fotofinisher noch DTP-Anwender sind dazu in der Lage.

4.13.1 Build-it

Das Programm Build-it besteht aus zwei getrennten Modulen: ScriptMaker und CD Builder.
Das Modul ScriptMaker generiert Scriptdateien, in denen festgelegt ist, wie die Dateien auf der Portfolio II zu strukturieren und abzuspeichern sind. ScriptMaker kann Bilder auflisten, anzeigen, auswählen und organisieren, Bilder in Größe, Ausschnitt und Positionierung korrigieren, die gewünschte Image Pac-Auflösung und Kompressionsmethode auswählen, den Standard oder einen CopyrightHinweis wählen, Datenfiles addieren und Scripts an den CD Builder exportieren.

Script Maker
CD-Builder

Tabelle 4.10: Die Einsatzmöglichkeiten des CD Builders

Script Option	Anwendung	Datenart	Ausgabe auf
New Photo CD	Erstellt neue Portfolio Photo CD Präsentationen	Image Pacs, TIFF, BMP, PICT	Portfolio II oder Premasterdatei
Append Photo CD	weitere Session auf eine vorhandene Portfolio	Image Pacs, TIFF, BMP, PICT	Bestehende Portfolio
Create Image Pacs	Alle Anwendungen mit Photo CD Image Pacs	Aus TIFF, BMP, PICT werden Image Pacs	Portfolio II oder Writable CD
New Level 1 ISO 9660	Datenarchivierung	Alle Computerdaten	Writable CD (MS DOS)
New Level 2 ISO 9660	Datenarchivierung	Alle Computerdaten	Writable CD Macintosh
Append ISO 9660 CD	weitere Session auf eine vorhandene Writable CD	Computerdaten	Bestehende Writable CD

4.13.2 Datenarchivierung

 Mit der Build-it Software ist es möglich, sämtliche Computerdaten – sowohl vom Windows PC als auch vom Macintosh – auf einer Writable CD zu archivieren. Das eröffnet eine Vielzahl von Möglichkeiten. Daneben ist besonders interessant, daß z. B. TIFF-Daten als Image Pac auf die Portfolio II geschrieben werden können. In der Praxis bedeutet dies, daß fertig bearbeitete Bilddaten, etwa farbseparierte CMYK-Files auf einer Writable CD gesichert werden können und dasselbe Bild zusätzlich als Image Pac für weitere Anwendungen auf die Portfolio II geschrieben werden kann, womit wiederum die ganzen, bereits im Kap. *Digitalisieren und Speichern* beschriebenen Möglichkeiten offenstehen.

Auch die Bilddaten digitaler Kameras können auf der Portfolio II gesichert werden. Die Daten, z. B. der Kodak DCS 460 Kamera mit dem 2.000 x 3.000 Pixel Chip, gelangen über ein Plug-In für Adobe PhotoShop in den Rechner. Dort können sie aufbereitet und korrigiert werden. Über ein Export Modul werden sie via Build-it ins Photo YCC ImagePac Format umgewandelt und auf einer Portfolio II gespeichert. Sie können auch unverändert, d. h. in ihrem ursprünglichen Datenformat auf die Portfolio II geschrieben werden.

Umwandlung in das Photo YCC Image Pac Format

4.13.3 Premastering

Hier werden die Daten erst in eine spezielle Datei auf einer großen Festplatte geschrieben und erst im zweiten Abschnitt auf die CD gebrannt. Das ist vorteilhaft, wenn mehr als eine Portfolio geschrieben werden soll, wenn kein CD Schreiber direkt an den Computer angeschlossen ist, wenn die Daten auf einem Netzwerk verteilt sind (die CD Schreiber fordern einen schnellen und kontinuierlichen Datenstrom beim Brennen) und wenn Daten auf langsamen CD ROMs gespeichert sind.

Premastering

4.13.4 Speicherung von bearbeiteten Bildern

Viel Zeit und Geld wird benötigt für Composings, Computergrafiken, Gestaltungen, Scans und druckreife Farbseparationen. Wohin mit den Daten? Vor allem: wie können diese Daten sinnvoll wiederverwendet werden? Mit der Portfolio II können die fertigen Dateien gespeichert und damit gesichert werden. Sie können auf CD ROM Laufwerken, über Photo CD und CD-i Player am handelsüblichen Fernsehgerät dargestellt und für den Druck und andere Ausgabeformen bereitgestellt werden. Alles für wenig Geld. Da die Portfolio

II auch Image Pacs anbietet, haben wir zusätzlich die Vorteile des Zugriffs auf verschiedene Auflösungen bei jedem einzelnen Bild.

4.14 FITS

Die Entwicklung geht
weiter

FITS

neues Datenformat

Übertragung eines
Änderungsprotokolls

Neben der Photo CD Technologie will Kodak eine neuartige Softwaretechnik vorantreiben. Das System trägt den Namen FITS (Functional Interpolating Transformation System) von der Firma Fits Imaging (heute Live Picture, Inc.) und ermöglicht eine wesentliche Beschleunigung bei der Bearbeitung von Bilddaten. Unter dem Arbeitstitel NIFty wird an einem neuen Datenformat gearbeitet, das dem Anwender ermöglichen soll, nur mit einer Bildschirmauflösung zu arbeiten und nicht mit den Feindaten, wie z. B. im Photoshop üblich. Das Programm übernimmt nach der Bearbeitung die Interpolation für die gesamte Datei. Dies bildet eine Ergänzung zum Photoshop. Das wird große Auswirkungen für die Arbeit am eigenen Computer haben. Sollen nämlich die Daten verschickt werden, braucht man sich künftig nur darauf zu konzentrieren, lediglich das Änderungsprotokoll zu übertragen, falls der Datenbestand zwischenzeitlich verschickt worden ist. Praktisch bedeutet das, daß z. B. ein Photo CD-Duplikat verschickt wird. Der Empfänger lädt die Bilddaten in sein System und empfängt vom Absender die zwischenzeitlich vorgenommenen Änderungen. Die Feindaten werden kostengünstig verschickt, und nur die Änderungen/Bildbearbeitungen müssen mit einem Modem übertragen werden. Ein Anwender, der beispielsweise Bilder bei einem Belichtungsstudio ausgeben lassen will, braucht dem Studio nur einmal das hochaufgelöste Bild zu senden. Für alle folgenden Korrekturen reichen die FITS-Dateien mit nur wenigen Kilobytes aus.

Der digitale Farbdruck

5.1 Der digitale Farbdruck

Der Begriff *Digitaler Farbdruck* wird in diesem Buch für das ein- bis vierfarbige Drucken von Bildern, Texten und Grafiken aus dem Computer größer als DIN A2 in Einzelfertigung und Kleinauflagen bis 100 Stück ohne die klassische Druckvorstufe verwendet. Damit wird der Begriff gegen andere digitale Drucktechniken und Computer-to-plate-Verfahren abgegrenzt.

Plakate aus dem Computer ohne Lithokosten

Der digitale Farbdruck erlaubt das Herstellen von Plakaten, Postern, Flipchart-Präsentationen, Außendisplays, Messeständen einschließlich Fußboden, Schaufensteraufklebern, Bildaufklebern für die Fahrzeugwerbung, Großdias und vieles mehr. Durch den Wegfall der klassischen Druckvorstufe und der damit verbundenen Lithokosten ist der digitale Farbdruck unübertroffen preisgünstig und außerdem schnell. Die Datei wird vom Grafiker oder Anwender selbst gestaltet und auf Datenträger oder per ISDN zum Dienstleister gesendet. Mehrbahnige Formate für Riesenplakate, z. B. 8 x 10 m sind ohne weiteres möglich. Eine große Palette von Veredelungs- und Laminierverfahren bieten dem Anwender bisher unerreichbare Präsentationsmöglichkeiten in Marketing und Werbung.

5.2 Geschichten aus dem Messealltag

Da der digitale Farbdruck per Datenfernleitung übertragen werden kann, bietet er die Möglichkeit, gewünschte schnelle Änderungen an Ort und Stelle durchführen zu können. Dazu ein Fall aus der Praxis: Ein Chemiekonzern stellt auf einer Messe aus. Der Messestand ist bereits aufgebaut. Die Wände und der Fußboden sind mit Hilfe von digitalen Farbdrucken werbewirksam gestaltet und machen einen so guten Eindruck, daß der verantwortliche Mitarbeiter der Messeabteilung ein fast befreiendes Gefühl hat. Diesmal klappt dank der neuen Technologien alles, sogar der Termindruck ist weg. Zur letzten Überprüfung kommt ein Vorstandsmitglied und findet eine Grafik an der Messewand unmöglich. Die beabsichtigte Botschaft kommt nach seiner Meinung nicht gut genug zum Tragen. Nun ist die Not groß, denn morgen früh wird die Messe eröffnet, und ein hoher Politiker wird den Stand besichtigen, was wiederum einen großen Messerummel auslösen wird. Der Puls geht nach oben.

Aber da gibt es ja die Datei für die Messewand beim Grafiker! Schnell ans Telefon und die Korrekturen durchgeben. Der Grafiker ändert die beanstandeten Aussagen und schickt die Messetafel per ISDN an den Dienstleister, der zwar 500 km entfernt ist, aber mit ISDN ist das kein Problem. Die Tafel im Maß von 100 x 250 cm wird mit dem digitalen Farbdrucksystem ausdruckt. Es ist gut, mit verläßlichen und flexiblen Partnern zusammenzuarbeiten. Die Tafel wird aufgezogen, veredelt, noch in der Nacht zur Messe gebracht und ausgetauscht. Zur Messeeröffnung ahnt niemand, wie leistungsfähige Mitarbeiter und Dienstleister zusammen mit den neuen Technologien mitgeholfen haben, den Messeerfolg zu sichern.

Für die Übertragung mit ISDN ist eine entsprechende Karte im Computer erforderlich. Am verbreitetsten scheint die Leonardo-Karte zu sein. Mit ihr kann die fertige Datei vom Computer aus übertragen werden. Zweckmäßig ist es, sich durch ein Telefonat zu vergewissern, daß der Empfänger seinen Computer auf Empfang gestellt hat. Man wählt durch Anklicken am Bildschirm wie bei einem Tastentelefon die

ISDN-Nummer des Partners. Das Gerät zeigt die zu übertragende Datenmenge an und gibt Auskunft, wie die Übertragung fortschreitet. Sicherlich hindern die noch hohen Kosten der DFÜ eine noch intensivere Nutzung. Die zu übertragende Datenmenge der Bilder kostet viel Geld.

Aber oft ist es schon preiswerter, diesen Weg zu gehen, als ein Taxi zu schicken. Jedenfalls macht ISDN den Weg frei, sich auch weiter entfernte Dienstleister zu suchen und damit das Preis-/Leistungsverhältnis zu verbessern.

5.3 Drucktechniken

Für den digitalen Farbdruck stehen zur Zeit hauptsächlich zwei Drucktechniken zur Verfügung. *Zwei Drucktechniken*

Tintenstrahldrucker sprühen die Bildpunkte mit feinsten Düsen zeilenweise in den subtraktiven Grundfarben Gelb, Purpur und Blaugrün (CMY) und Schwarz auf das Papier. Dabei sind die Farbdüsen dicht übereinander gestaffelt und sprühen gleichzeitig, so daß das Bild sofort im Endzustand sichtbar ist. Diese Methode hat bisher keine große Effektivität erreicht, da das Schreiben der einzelnen Zeilen sehr langsam vor sich geht. Ein Vierfarbdruck DIN A0 dauert ca. 45 min. Die Drucke sind nicht lichtecht, haben teilweise eine gute Auflösung (bis 400 dpi) und kommen damit der fotorealistischen Qualität nahe. Die Weiterentwicklung dieser Technologie wird zu schnelleren Geräten, einer höheren Lichtbeständigkeit und größeren Druckbreiten führen. Der neue Tintenstrahldrucker von Laser Master bietet bereits 130 cm Druckbreite und eine sehr gute Druckgeschwindigkeit an. *Tintenstrahldrucker*

Aufgrund seiner einfacheren Handhabung und den verfügbaren und schnellen Softwareprogrammen wird sich der großformatige Tintenstrahldrucker auf dem Markt weiter ausbreiten.

Zur Zeit noch schneller und haltbarer als der Tintenstrahldruck ist der elektrostatische Druck, bei dem mit Flüssigtoner gute Ergebnisse bis zur Breite von 1,30 m erzielt werden können. Ein DIN A0-Plakat dauert nur fünf Minuten. *Einführung in digitale Großdrucktechniken*

Das zu bedruckende Papier von der Rolle gleitet zwischen einem Schreibkopf und einer Gegenelektrode hindurch. Der Schreibkopf besteht aus einer Vielzahl von kleinen nadelförmigen Elektroden und setzt auf dem Papier bildmäßig verteilt punktförmige negative Ladungen ab. Das Papier ist ein nichtleitendes beschichtetes Spezialpapier, das die negative Ladung an dem Ort behält, an dem sie markiert worden ist. Dann wird die Papierbahn berührungsfrei an eine mit Tonerbad gesättigte Leiste geführt. Die positiv geladenen Tonerpartikel heften sich dauerhaft an die negativ geladenen Stellen des Papiers und entladen es gleichzeitig. Damit ist es für eine neue Aufladung bereit. In einem ersten Druckvorgang setzt das Gerät Registermarken an die beiden Ränder des Papiers. Nun wird es zurückgespult. In vier weiteren aufeinanderfolgenden Durchgängen werden die einzelnen elektronischen Farbauszüge in Schwarz, Blaugrün, Purpur und Gelb aufgetragen.

Ideal für Großformate ab DIN A2

Drucker für dieses elektrostatische Rasterdruckverfahren werden von Xerox Engineering Systems mit Auflösungen von 200, 300 und 400 dpi hergestellt. Eine höhere Auflösung als 200 dpi hat sich bisher in der Praxis als unnötig erwiesen, denn für die großen Formate, für die der elektrostatische Druck gedacht ist, ist auch ein entsprechend großer Betrachtungsabstand notwendig (Faustregel für den Betrachtungsabstand: das 2,5-fache der Bilddiagonale). Bei einem Betrachtungsabstand von etwa einem Meter und größer kann das Auge die Bildpunkte bei 200 dpi nicht mehr auflösen, das Bild ist bei dieser Entfernung von einem Großfoto nicht zu unterscheiden.

Elektrostatischer Rasterdruck

Der elektrostatische Druck mit einer Auflösung von 200 dpi ist daher für Großformate ab DIN A2 ideal. Er sollte in jedem Fall oberflächenveredelt werden, da die Farben nicht ganz wischfest sind. Glänzende Veredelung erhöht die Farbbrillanz um ein Vielfaches und erzeugt satte Schwärzen. Im veredelten Zustand hat der elektrostatische Druck eine sehr gute Farbstabilität. Praktische Versuche haben eine Haltbarkeit der Farben von mehr als zwei Jahren ergeben.

5.4 Der digitale Farbdruck im System

Professionelle Dienstleister bieten den digitalen Farbdruck in ihrem Arbeitsprogramm zusammen mit Scan-, Bildbearbeitungs- und Weiterverarbeitungsleistungen an. Das verbreitete Cactussystem, das in Deutschland von Metocolor vertrieben wird und hier beschrieben werden soll, war das erste auf dem Markt (seit 1988) und ist heute eines der ausgereiftesten Systeme. Die Firma Cactus wurde von Harry Bouwers mit dem Firmensitz in Arizona/USA gegründet. Das System arbeitet durchgängig mit Apple Macintosh und integriert Scanner und Programme der elektronischen Bildverarbeitung, um aus Bilddaten hochwertige Drucke auf Tintenstrahl- und Elektrostatdruckern auszugeben.

Das Metocolor-System

Abb. 5.1: Workstation für den digitalen Farbdruck mit Scannern, Laufwerken, Bearbeitungs- und RIP-Station

In der Praxis liefert der Kunde dem Dienstleister die fertig gestalteten Dateien, die dort mit entsprechenden Laufwerken in den Rechner geladen werden. Wegen der beträchtlichen Datenmengen stehen Syquest-Laufwerke mit bis zu 200 MB, magnetooptische Laufwerke und Photo CD Laufwerke zur Wahl. Der Empfang der Bilddaten per ISDN gehört inzwischen zum Standard, ist aber wegen der Übertragungskosten nur bei wirklichen Eilterminen zu empfehlen.

RIP

Die übermittelten Bilddaten können am Metocolor-System mit einer Reihe von Programmen noch bearbeitet werden. Die gebräuchlichsten sind Adobe Photoshop, QuarkXPress, PageMaker und Illustrator. Dann werden die Daten für den Druck aufbereitet. Der Fachbegriff lautet RIP, Raster Image Processing. Dies ist ein rechenintensiver Vorgang, der aus den vorliegenden Halbtonbildern ein gerastertes Bild erzeugt. Die Umwandlung ist notwendig, da der Drucker technologiebedingt nur vollfarbige Punkte auf das Papier setzen kann. Die Qualität der Software entscheidet dabei über die Güte des Druckerzeugnisses. Die Cactussoftware produziert hervorragende Tonwertverläufe und saubere Schriftendarstellungen in jeder beliebigen Ausgabegröße aufgrund eines patentierten hochaufgelösten Rasterverfahrens.

Frequenzmoduliertes
Raster: besseres Bild

Bei diesem frequenzmodulierten Raster wird der Abstand der Druckpunkte in Abhängigkeit der zu erreichenden Farbdichte verändert: Je heller eine Fläche werden soll, desto weiter voneinander entfernt werden die Druckpunkte gesetzt. Je dunkler eine Fläche gedruckt werden soll, desto enger werden die in der Größe immer gleichen Punkte aneinandergerückt bis hin zur vollen Flächenfüllung. Beim konventionellen Druckraster werden dagegen die Druckpunkte in jeweils gleichem Abstand gesetzt und je nach Helligkeit in der Punktgröße variiert. Mit dem frequenzmodulierten Raster erhält man bessere Farbübergänge, ein schärferes und höher aufgelöstes Bild bei gleicher Druckerauflösung und insgesamt einen visuell besseren Bildeindruck.

Nur „geRIPte" Daten können gedruckt werden. Jede Änderung im Bild erfordert eine neuen RIP-Vorgang. Daher sichert man geripte Dateien auf einem Massenspeicher, um ein problemloses Nachbestellen durch den Kunden zu ermöglichen.

5.5 Andere digitale Ausgabemöglichkeiten

Außer den bisher geschilderten Systemen gibt es eine Vielzahl von weiteren Ausgabegeräten wie Filmbelichter, kleinformatige Tintenstrahl-, Farblaser-, Thermosublimations-, Farbtransferdrucker und Fotobelichter wie z. B. der Fuji Pictrography oder Druckplattenbelichter. In der Herstellung von Großformaten existieren noch sogenannte Air-Brush-Systeme und seit kurzem großformatige Fotobelichter. Die Air-Brush-Systeme spritzen in geringer Auflösung (20-50 dpi) Farbe direkt auf unterschiedliche Materialien wie Papiere, Folien, Stoffe und Planen. Aufgrund der geringen Auflösung ist diese Technik für die z. T. sehr großen Werbeflächen (ab ca. 3 m Seitenlänge) in der Außenanwendung prädestiniert. Die neuen Großfotobelichter, die Fotopapierbreiten bis 1,30 m direkt belichten, erzeugen eine extrem hochwertige Großformatausgabe. Da es sich hier um ein vollwertiges Halbtonverfahren handelt, werden sehr hochaufgelöste Bilddateien benötigt.

Der digitale Farbdruck nimmt eine Mittelstellung zwischen den Air-Brush- und den Großformatbelichtungssystemen ein. Er hat aufgrund seiner Flexibilität in den Ausgabegrößen, seiner vielfältigen Einsatzmöglichkeiten in Innenräumen wie im Freien, seiner guten Druckqualität und seiner relativ günstigen Kostenstruktur den weitaus größten Marktanteil in der Großformatausgabe.

*Drucker, Drucker,
Drucker.....*

Air-Brush-Systeme

Große Werbeflächen

5.6 Erstellen von Dateien

Der Anwender kann am PC oder Mac die Gestaltung der Bilder vornehmen. Sinnvollerweise erkundigt er sich über die Programme, die das Farbdrucksystem verarbeiten kann. Wichtig ist das Datenformat, in der die Dateien gespeichert werden. Das Cactussystem benötigt für den Druck EPS-Files. Dieses Datenformat ist eine Erweiterung des Postscript-Formates und hat die Eigenschaft, Daten von Bildern und Texten vereinen zu können. Das Acronym EPS steht für Encapsulated Post Script.

*Wie speichert man
ab?*

EPS-Files

Optimale Dateigrößen für den digitalen Farbdruck

Da der Digitaldruck ein Rasterverfahren ist, werden relativ geringe Datenmengen für ein optimales Druckergebnis benötigt. Die Faustregel besagt, daß ein TIFF-Bild bei einer Druckerauflösung von 200 dpi eine Dateigröße von 20 MB pro gedrucktem Quadratmeter aufweisen muß. Dies sollte beim Scannen oder der Wahl der verwendeten Auflösung von der Photo CD berücksichtigt werden. Kleinere Dateigrößen führen zu Bildern, auf denen die Pixel zu sehen sind, nämlich mit „Treppenstufen" an den Rundungen und Diagonalen. Größere Dateien führen zu erheblich längeren Rechenzeiten des RIP-Rechners, ohne eine bessere Druckqualität zu erzeugen. Da im EPS-Format die Linien und Flächen erst beim RIP-Vorgang errechnet werden, hängt hier die Dateigröße von der Anzahl der Objekte auf einer Seite ab und kann nicht allgemein angegeben werden. Für ein ins EPS eingebundenes TIFF-Format gilt allerdings die oben beschriebene Faustregel. Das Cactussystem errechnet den Seitenaufbau eines EPS-Formats mit den Original Adobe Algorithmen, was zu einer optimalen Wiedergabe von Linien und Schriften mit einer absoluten Standtreue führt.

5.7 Anwendungen

Umfangreiche Einsatzmöglichkeiten bei Großformaten und Kleinauflagen

Für den digitalen Farbdruck ergibt sich eine Fülle von Anwendungen. Zunächst ist der digitale Farbdruck bei allen großen Formaten (ab DIN A2 bis zu mehreren Quadratmetern) und kleinen Auflagen ab einem Stück konkurrenzlos und dem Auflagendruck kostenmäßig überlegen, da keine Lithokosten anfallen. Erst von einer Auflage ab etwa 100 Stück lohnt sich der klassische Auflagendruck unter Einrechnung der Lithokosten. Die digitalen Farbdrucke können veredelt werden. Es gibt wasserfeste Papiere für den Außeneinsatz. Für Leuchtkästen können besonders farbintensive Drucke erzeugt werden. Schließlich ist die Herstellung von Bildaufklebern im Großformat möglich, wodurch sich für den Auto- und LKW-Einsatz sowie beispielsweise für die Schaufensterwerbung neue Möglichkeiten eröffnen.

5.8 Der digitale Farbdruck im Handelsmarketing

Abb.5.2:

Das Aufziehen von di-

gitalen Farbdrucken

für die

R+V Versicherung.

Einsatz der Tafeln: An

Displaywänden

Der digitale Farbdruck ist ein erfolgreiches Instrument im
Marketingmix des Handels. Große Formate, kleine Auflagen,
niedrige Stückkosten, vielseitige Einsetzbarkeit, kurze Produktionszeiten, das sind die Vorteile des digitalen Farbdrucks. Damit kann der Handel, der oft rasch auf den Wett-
bewerb reagieren muß, der Konkurrenz ein Instrument ent-
gegensetzen. Aktionen können optisch unterstützt, Preise
schnell ausgetauscht werden.

5.8.1 Werbeunterstützung des Handels

Vor allem ist der digitale Farbdruck für Hersteller von Waren oder Dienstleistungen geeignet. Mit dem digitalen Farbdruck kann nämlich der Handelskunde **individuell** unterstützt werden. Basisgestaltungen können entworfen und für Handelskunden „personalisiert" werden, indem ihr Logo, ihre Adresse und die individuellen Verkaufspreise eingesetzt werden. Eine Vielzahl von Gestaltungsformen kann der digitale Farbdruck anbieten: Display, Fahne, Plakate für Plakatständer, von der Decke abgehängte Werbeposter, Thekenaufleger und Autoaufkleber. So kann eine gute Verbindung eines Markenartikels mit dem örtlichen Handel erfolgen. Markenartikel und Handel ziehen gleichermaßen einen Vorteil daraus: Der Händler schätzt einen Hersteller oder Dienstleister mehr, wenn dieser ihm hilft, sich von der örtlichen Konkurrenz abzuheben. Der Weg dazu führt über individuelle Handelsunterstützung.

Abb. 5.3: Laminieren von digitalen Farbdrucken

5.9 Der digitale Farbdruck im Messeeinsatz

Abb. 5 4:

Der gedruckte

Messestand: Alle

Wände und der Boden

stammen aus dem

Metocolorsystem

Der digitale Farbdruck eignet sich sehr gut für die Wandge-
staltung eines Messestands. Durch die niedrigen Kosten, die
Möglichkeit, die Gestaltung am eigenen Computer zu ent-
werfen, die kurzen Produktionszeiten und durch die Indivi-
dualität wird er sich einen beachtlichen Markt erobern. Texte,
Logos, Bilder können fix und fertig gestaltet und aus einem
Guß ausgedruckt und veredelt werden. Die Messetafeln
können aufstellfertig angeliefert werden, was zusätzlich Auf-
baukosten sparen hilft. Selbst kurzfristige Änderungen sind
kein Problem. Solche Messestände erhalten das Prädikat
„erfrischend", weil die Gestaltung individuell ist und sich
vollständig dem Messekonzept angleichen läßt. Die Zwänge,
die ein noch so flexibler Systemstand auferlegt, sind auf-
gehoben. Das hier gezeigte Beispiel eines Messestands von
der Frankfurter Buchmesse entstand so: der Entwurf wurde
am eigenen Computer gestaltet. Maßstabsgerecht und in den
Originalfarben wurde ein Modell in Form von PC-Drucken
ausgegeben. Der Grafiker korrigierte die Gestaltung und
legte die Dateien für die Messetafeln an. Sie wurden per
ISDN zum Dienstleister gesandt und innerhalb eines Tages
ausgedruckt. Nach der Abnahme erfolgte das Veredeln und

Messestandwände

komplett digital

gedruckt,

einschließlich

Fußboden

aufziehen. Die fertigen Tafeln wurden an der Messe angeliefert und innerhalb eines halben Tages aufgestellt.

Abb. 5.5: Trittfester
Messestandboden,
digital gedruckt:
Gestaltung aus einem
Guß
(Gestaltung:
R. Kaczmarzik,
Design: strobel)

5.9.1 Einbeziehung des Fußbodens in die Messekonzeption

Durch die moderne Technik der Oberflächenveredelung ist
es jetzt möglich, den digitalen Farbdruck begehbar zu be-
schichten. Das eröffnet völlig neue Gestaltungen für Messen,
Kongresse, Veranstaltungen jeder Art. Es wird nicht lange
dauern, dann kann man Sandstrand, Wiese, Wasser, Fliesen,
Holzstrukturen, Waldboden und vieles mehr auf den Messestand holen – mit dem digitalen Farbdruck. Vor allem, das
Design des Messestands kann aus einem Guß am Computer
erfolgen. Resultat: Größere Gestaltungsfreiheit, kürzere Zeiten, niedrigere Kosten.

*Abb. 5 6: V-DIA-Stand
auf der Marketing
Services 1995.
(Gestaltung und
Design: Compart)*

5.10 Der digitale Farbdruck in der Außenwerbung

Es gibt wasserfestes Papier und dauerhafte, nichtausblei-chende Farben für den digitalen Farbdruck. Außenplakate in Hauswandgröße, KFZ-Aufkleber, Fahnen und Transparente, konturengerecht ausgeschnittene lebensgroße Figuren, City-light-Plakate oder Plakatständer: Alles kann mit dem digita-len Farbdruck gestaltet und in niedrigen Auflagen kosten-günstig gedruckt werden.

*Der elektrostatische
Farbdruck scheut
weder Sonne noch
Regen*

5.11 Information durch Kommunen

Das in Abb. 5.7 gezeigte Beispiel einer Werbung für den Weihnachtsmarkt ist typisch für die Leistungsfähigkeit des digitalen Farbdrucks. Als Vorlage diente ein Kleinbilddia. Es wurde auf die Photo CD übertragen, die Daten in den Macintosh geladen, der Text hinzugefügt und ausgedruckt.

115

Innerhalb von zwei Tagen waren zwei Plakate, jeweils 2 x 3 m groß, wasserfest veredelt und auf Platten aufgezogen und anschließend vor Ort montiert. Und die Kosten? Bedeutend niedriger als bei einer Produktion als Großfoto, Siebdruck oder einer ähnlichen klassischen Technik.

Abb. 5.7: Digitaler Plakatdruck im Außeneinsatz: 2 x 3 m groß und wetterfest (für die Stadt Mosbach)

Praxisbeispiele

6.1 Die Photo CD in der medizinischen Bildkommunikation

Abb. 6.1: Medizinische Aufnahmen auf der Photo CD für Prof. Dr. von Hagens

Ein überzeugendes Beispiel für die frühzeitige und umfassende Nutzung der Vorteile der Photo CD liefert Prof. Dr. med. Gunther von Hagens vom Anatomischen Institut I der Universität Heidelberg. Er hat 1977/78 ein Konservierungsverfahren erfunden und patentiert, mit dem Körperteile, ganze Körper und Schnitte naturgetreu und dauerhaft vor dem Verfall bewahrt werden können. Bei dieser Technik, *Plastination* genannt, werden den Präparaten in einem Acetonbad bei einer Temperatur von -25°C zunächst Wasser und Fett entzogen. In einer Kunststofflösung gelangt dann das Präparat in eine Vakuumkammer. Durch den niedrigen Druck fängt das Aceton zu sieden an und perlt aus dem Präparat heraus. In das entstehende Volumendefizit saugt sich der Kunststoff tief in jede Gewebezelle hinein. Es härtet

Abb. 6.2: Anatomische Präparate, abgebildet auf einer Druckseite. Bildquelle für den Druck: Photo CD

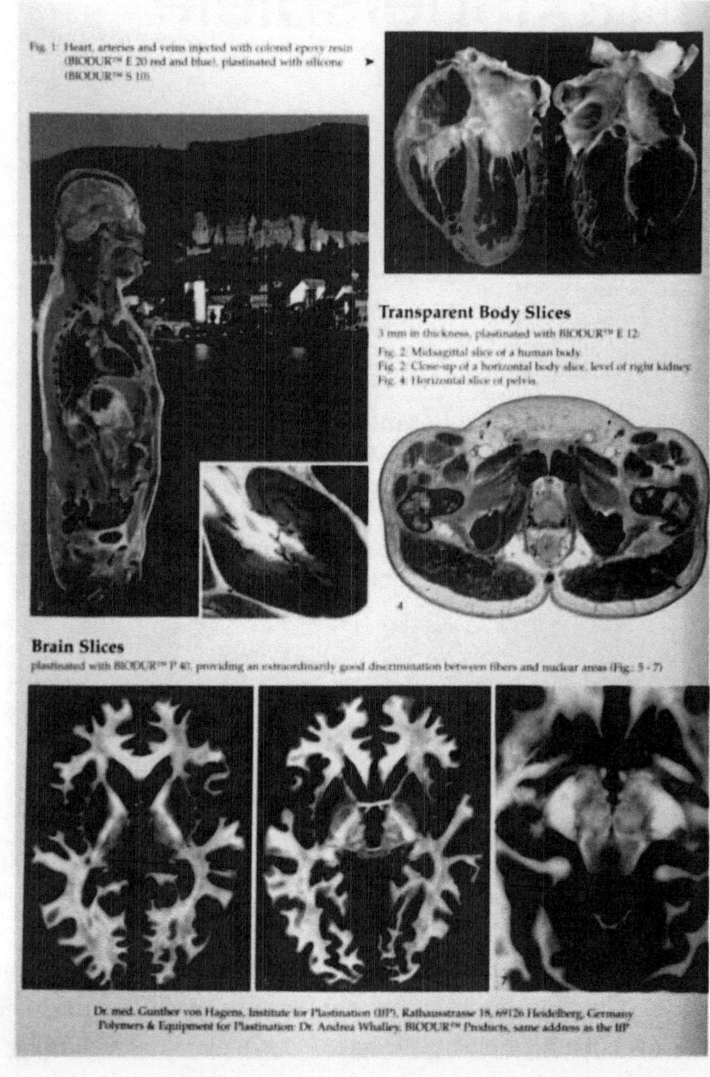

dann je nach Kunststoffart mit Wärme, Licht oder Gas aus. Jetzt ist jede Körperzelle dauerhaft vor Verwesung geschützt.

Von der neuen Technik profitieren Fachärzte, Studenten und interessierte Laien, da die Präparate auch in Museen gezeigt werden können. Über 250 Institute weltweit wenden dieses Verfahren an. In die Ausstellung *The Human Body World*, die 1995 im National History Science Museum in Tokyo auf 1.600 qm Ausstellungsfläche stattfand, kamen innerhalb von zehn Wochen 450.000 Besucher. Weitere Ausstellungen sind geplant, u. a. 1997/98 im Landesmuseum für Technik und Arbeit in Mannheim. Beim nächsten Kongreß der international organisierten Society for Plastination im Juli 1996 in Brisbane, Australien wird die Technik wieder eine große Rolle spielen.

Professor Dr. von Hagens hat bisher rund 12.000 Bilder auf die Photo CD übertragen lassen und bezeichnet die Photo CD als zentrales Medium für seine Arbeit. Eine Mitarbeiterin, Dr. med. Andrea Whalley, und Prof. von Hagens, die zusammen bereits mehrere Bücher veröffentlicht haben, setzen die Photo CD in verschiedenen Gebieten ein.

Es ist ein weltweit einmaliger anatomischer Atlas geplant, der den Betrachter und Studierenden in anschaulicher Weise in die komplizierte Materie des menschlichen Körpers einführt. War bisher auf einer Buchseite ein einziges Bild mit einem verwirrenden und unübersichtlichen Kranz von Bezeichnungen abgebildet, wird der neue Atlas mehrere Bilder je Seite mit kurzen, prägnanten Erläuterungen aufweisen. Während der Planungsphase für dieses wichtige Werk setzen Prof. Dr. von Hagens und Dr. Whalley die Photo CD ein, indem sie anatomische Aufnahmen am PC bearbeiten, mit Texten versehen und ausdrucken. Danach können sie entsprechend der didaktischen Anforderung geordnet werden. Teilweise wird das Indexprint ebenfalls dafür genutzt, indem es am Kopiergerät auf 160% vergrössert wird.

Die Photo CD erleichtert die Planung eines weltweit einmaligen anatomischen Atlasses

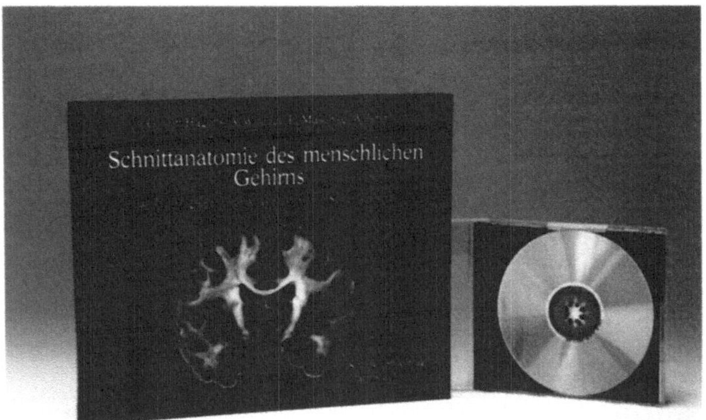

Abb. 6.3: Die Photo CD als Bildquelle für medizinische Bücher

Neue Präparate werden fotografiert und anschließend die Dias auf Photo CD übertragen. Dies erleichtert die Übersicht über die anatomischen Präparate im Hinblick auf die Ausbildung von Studenten und die Weiterbildung von Fachärzten. Die auf der Photo CD befindlichen Bilder werden bei Vorträgen und Präparierkursen für Studenten über einen Photo CD Player am Fernsehgerät mit einer 90-cm-Röhre präsentiert, eine Möglichkeit, die dank des internationalen Standards der Photo CD auch bei anderen Fernsehnormen möglich ist. Man benutzt dafür lediglich die Player vor Ort.

Internationale Präsentation über das Fernsehgerät

Auch bei internationalen Kongressen und Symposien nutzt Prof. Dr. von Hagens den weltweiten Standard der Photo CD. Er schließt seinen Notebook an die Datenbeamer der Hörsäle an und erzielt damit nach wenigen Minuten Vorbereitungszeit eine erstklassige Präsentation. Während er in fernen Ländern, wie z. B. in Singapur damit keine Probleme hat, fehlt meist – so Prof. von Hagens – an den deutschen Universitäten die Hardware. In den Hörsälen ist meist kein Anschluß für den Computer vorgesehen, es sind noch keine Beamer vorhanden.

Datenprojektion an die Großleinwand in den Hörsälen aus dem Notebook

Bilder für Publikationen bearbeitet Dr. Whalley im Photoshop. Sie erstellt das Layout mit QuarkXPress und die Grafiken mit Illustrator. Dabei dient die Photo CD als Bildquelle. Zum Teil benutzt sie, wie das Bild zeigt, das Photo CD Bild als Vorlage, um z. B. in einem Buch Hirnschnitte als Foto auf der einen Seite und auf der gegenüberliegenden Seite als korrespondierende schematische Zeichnung darzustellen. Dieses Beispiel zeigt eine Anwendung der Photo CD nicht nur im Bereich der Bildbearbeitung und Druckvorstufe, sondern schon bei der Konzeption und Planung eines Werkes.

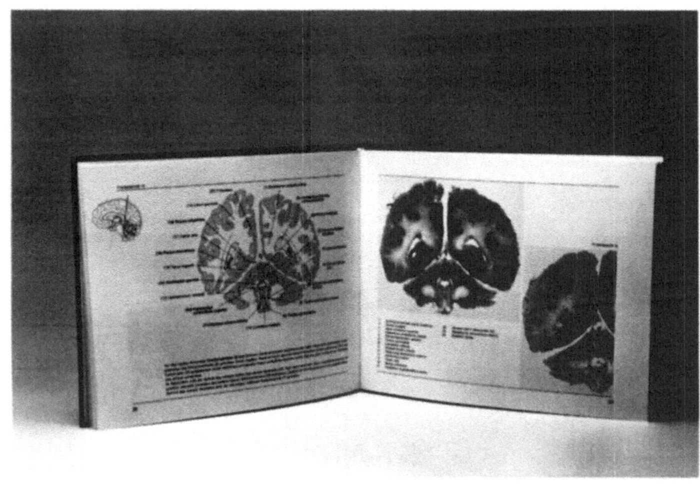

Abb. 6.4: Für Grafiken und den Druck liefert die Photo CD die Vorlage

Die Photo CD, – so Prof. Dr. von Hagens – ist bedeutend handlicher und preisgünstiger als optische Platten. Der Photo CD Scan wird dem im Haus befindlichen Diascanner in den meisten Fällen vorgezogen, da dieser zu zeitaufwendig ist. Lediglich für den Fall, daß ein Photo CD Scan die Farbe nicht wie gewünscht wiedergibt – in der Tat sind die Farben der Präparate nicht so einfach zu korrigieren – wird der Scanner vor Ort eingesetzt.

In seinem Institut für Plastination wurde ein Produktkatalog sowie ein Spenderinformationsblatt mit Photo CD-Bildern erstellt.

Da medizinische und wissenschaftliche Bilder oft schon digitalisiert aufgezeichnet werden – man denke etwa an Bilder aus dem Rasterelektronenmikroskop – bietet sich die Photo CD Portfolio II an, die die Bilder im Originalformat, z. B. TIFF und zusätzlich im Photo YCC Format speichern kann. Dann stehen die Bilder wieder in den verschiedenen Auflösungsstufen der Photo CD zur Verfügung, mit all den bereits geschilderten Vorteilen. Die Aufzeichnung der Bilder sollte nur in einem gebräuchlichen Standard, z. B. TIFF erfolgen. Schwierigkeiten treten bei den unterschiedlichen, z. T. firmeneigenen Standards und den verschiedenen Speichermedien auf. Oft ist es daher weniger aufwendig, MR- und CT-Bilder auszudrucken, abzufotografieren und sie ein zweites Mal auf die Photo CD zu digitalisieren als sich mit

Die Vorteile, bereits digitalisierte Bilder auf die Photo CD zu speichern

den unterschiedlichen Standards und Speichermedien abzuplagen.

6.2 Die Photo CD im Verlagswesen

Abb. 6.5:
Die Bildseiten dieser
Werke wurden auf
Photo CD übertragen

Ein renommierter wissenschaftlicher Verlag hat 1995 die Bildinhalte von vier Werken – es handelte sich um über 750 Bilder – gleichzeitig als Diabuch, Overheadfolienbuch und als Photo CD publiziert. Das angebotene Material wurde von den Universitäten gut aufgenommen, da die Dias und Overheadfolien hervorragend für Vorlesungen geeignet sind. Auch die Photo CD wurde begrüßt, denn hiermit kann der Anwender die Bilder in den Computer laden und preisgünstig auf Papier oder Folie ausgeben. Leider stellte es sich dabei heraus, daß noch nicht alle Anwender über Drucker verfügten, die die auf der Photo CD gespeicherte Qualität ausgeben konnten. Diese Situation verbessert sich natürlich von Jahr zu Jahr. Sicher ist auch, daß eine solche Publikation von entsprechenden Anwenderhinweisen begleitet werden muß. Inzwischen hat das Wissen der Benutzer über das Laden, Bearbeiten und Drucken von Bildern zugenommen. Die CD ROM Laufwerke und die Anzahl der Farbdrucker sind ebenfalls weiter stark ansteigend. Der Nutzen für den Leser wird durch solche zusätzlichen buchbegleitenden Bildveröffentlichungen bedeutend erhöht. Sie ergänzen das gedruckte

*Die technische
Ausrüstung der
Anwender wird
hochwertiger*

Abb. 6.6:
Mehrfachnutzen für
Buchkäufer:
Der Bildinhalt von vier
Werken als
Overheadfolie,
Diaserie und
Photo CD

Buch und verschaffen ihm einen größeren Stellenwert. Da in keiner Weise zu erwarten ist, daß die neuen Medien das Buch überflüssig machen, ist die Frage der Verlagstätigkeit auf die Auswahl der Bildmedien reduziert.

Ob Diaserien, Overheadfolien oder Photo CD ist nicht zuletzt eine Preisfrage und ein Frage des Markts. Natürlich kann ein Verlag anbieten, nur die vom Buchkäufer gewünschten Bildseiten in verschiedenen Bildmedien (Dia, Overheadfolie und Photo CD) nach Einzelbestellung zu liefern. Der Verlag kann heute diese Aufgaben an einen leistungsfähigen Dienstleister abgeben. In den USA wird bereits von diesen zusätzlichen Serviceleistungen der Verlage reger Gebrauch gemacht. Möglicherweise wird bald nicht mehr vom „Leser" die Rede sein, sondern vom Mediennutzer.

6.3 Die AgrEvo Photo Library

Als Beispiel soll hier ein weltweites Bildkommunikations-Projekt vorgestellt werden, das Ende 1995 realisiert wurde. Die Vorgeschichte war bestimmt durch die Fusion der landwirtschaftlichen Aktivitäten der Schering und der Hoechst AG. Es wurde eine neue Gesellschaft mit dem Namen *AgrEvo* GmbH (von Agrar-Evolution) gegründet. Die Bildarchive beider Firmen wurden zusammengelegt und durch die neuen Technologien den Tochtergesellschaften auf der ganzen Welt (über 100 Tochterfirmen auf allen Kontinenten) zur Verfügung gestellt. Zunächst wurde eine Ist- und Sollanalyse über einen freien Medienberater erarbeitet.

Abb. 6.7: In der abgebildeten Form wurde AgrEvo Photo Library Bestellservice an die Tochtergesellschaften in der ganzen Welt versandt. Inhalt: Knapp 14.000 Bilder einschließlich Datenbankprogramm

Dann wurde – nachdem sich das Photo CD-System als bestgeeignetes erwies – das Archiv sondiert. Für die erste Vorauswahl CD ROM wurden ca. 14.000 Bilder ausgewählt. Jedes Dia wurde einer Gruppe zugeordnet und mit Suchbegriffen klassifiziert. Das Ergebnis wurde mit Hilfe eines PC erfaßt und gespeichert. Ein Etikettendrucker gab eine fortlaufende Bildnummer aus, die auf das jeweilige Bild geklebt wurde. Der nächste Schritt war die Übertragung auf die Photo CD, wobei die Mittelformate alle mit der höchstmöglichen Auflösung von 64Base (Dateigröße ca. 75 MB und die KB-Dias mit einer Auflösung von 16Base (18 MB) gescannt wurden. Beim Transfer wurden die Archivnummern in die Copyright-Datei der Photo CD eingespeichert und in einem separaten Kontrollvorgang auf Übereinstimmung überprüft.

Abb. 6.8: Der erste Teil des AgrEvo-Archivs auf 315 Pro Photo CDs: 13.608 Bilder in jeweils fünf bzw. sechs Auflösungsstufen (jedes Bild hat eine Dateigröße von 18 bzw. 75 MB)

Neben der Auswahl für das geeignete Digitalisierungsverfahren mußte noch eine zweite, ebenso wichtige Entscheidung getroffen werden: welches ist die optimale Bilddatenbanksoftware für dieses Projekt? Nach intensiver Marktrecherche kristallisierte sich heraus, daß eine weltweit etablierte Standarddatenbank-Software am geeignetsten war. Diese konnte mit Sonderzubehör (z.B. Software-Tools für die Bildkomprimierung und Bildintegration) entsprechend den

Bedürfnissen der AgrEvo GmbH ausgebaut werden. Entscheidend für diese Wahl waren folgende Vorteile:

- weltweite Kompatibilität (die Unternehmenscomputer der AgrEvo GmbH verwenden MS Windows als Betriebssystem).
- freie Gestaltung der Benutzeroberfläche
- keine Lizenzgebühren für die Basissoftware
- Unabhängigkeit von der Anzahl der Anwender
- Softwarefirmen-unabhängige Modifizierungen

Als sog. User front end wurde eine Standardprogrammiersprache eingesetzt. Für die Bildkomprimierung wurde ein MS-kompatibles und -empfohlenes Software-Tool verwendet.

Abb. 6.9:
Titelbildschirm

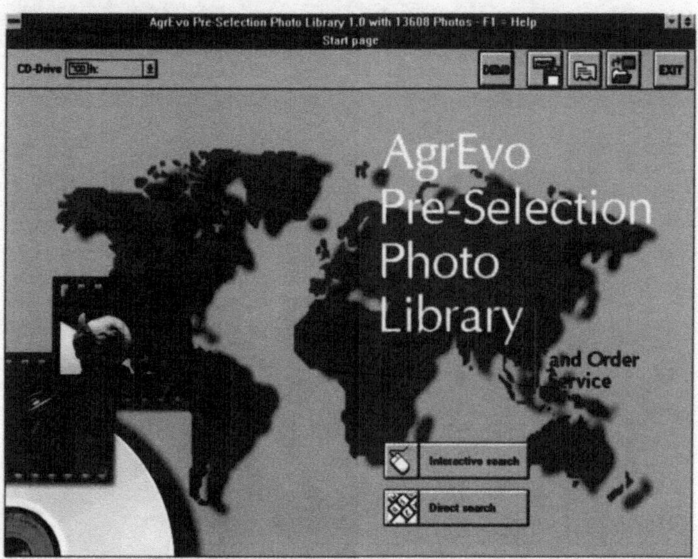

14 000 Bilder auf einer einzigen CD ROM: Ein Archiv im Zugriff

Die von der Photo CD genommene Bildschirmauflösung eines jeden Bildes in 24bit Farbtiefe wurde individuell je nach Bildinhalt komprimiert und zusammen mit der separat gespeicherten Bildbeschreibung auf eine CD ROM übertragen. Diese enthält alle 14.000 Fotos. Das bedeutet, daß jetzt eine einzige Scheibe den gesamten ersten Teil des Archivs in Bildschirmauflösung enthält. Nach verschiedenen Testläufen und einer Überprüfung durch ausgewählte Beta-Tester wurden die vervielfältigten CD ROMs an die Tochtergesellschaften auf der ganzen Welt verteilt. Die Empfänger installierten die CD ROM mittels des auf der Scheibe befindlichen Programms auf ihren PC.

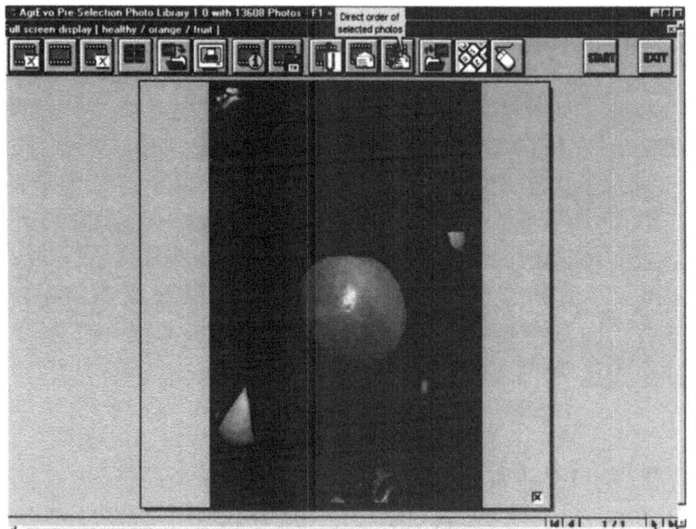

Abb.6.10: Das ausgewählte Bild wird im größeren Format angezeigt. Von hier aus kann der Anwender u. a. in den Bestellmodus gehen. Die Icons oben am Bildschirmrand mit Bubble-Help erleichtern die Bedienung

Nun können die Mitarbeiter der Firma die gewünschten Bilder über ein interaktives Programm suchen, die ausgewählten am Monitor in Bildschirmgröße betrachten und in ihre Textdokumente exportieren. Auf diese Weise kann jeder Beteiligte, ohne auf das Zentralarchiv angewiesen zu sein, über das gesamte Bildmaterial verfügen und selbst vor Ort Layouts anfertigen und am Drucker ausgeben. Das Programm wurde mit einer F1-Hilfe versehen. Sie ist sehr detailliert, mit zahlreichen Grafiken ausgestattet und wird ergänzt durch eine aus den Windowsprogrammen bekannten *Bubble-Help*, kleinen gelben Flaggen, die kurze Beschreibungen zu Icons und Buttons anzeigen. Außerdem gibt es ein kurzes Demo-Programm, das die wichtigsten Möglichkeiten vorstellt und erklärt. Für eine optimale Übersichtlichkeit wurde auf Pulldown-Menüs vollständig verzichtet.

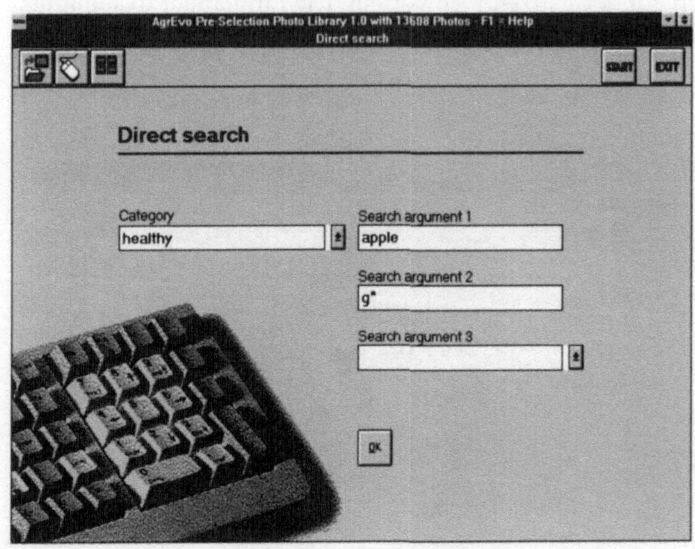

Abb. 6.11: Die direkte Suche wird eingesetzt, wenn der Anwender das Bild genau beschreiben kann

Bestellung von Feindaten auf Photo CD und Diaduplikaten

Wenn Feindaten, Diaduplikate, Großfotos etc. benötigt werden, markiert der Anwender die gewünschten Bilder und trägt seine Bestellwünsche ein. Das System berechnet die Einzel- und Gesamtkosten und zeigt sie an. Die fertige Bestellung wird einschließlich der Kostenstelle des Anwenders ausgedruckt und an den zentralen Dienstleister (V-DIA *Professionelles Imaging*, Heidelberg) gefaxt. V-DIA wurde in diesem Beispiel das analoge Diaarchiv und das digitale Photo CD Archiv übergeben (Outsourcing). Der Dienstleister – der vertraglich die Sicherheit, den fachlich und rechtlich einwandfreien Umgang mit dem wertvollen Archiv garantiert – fertigt die gewünschten Kopien auf fotografischem oder digitalem Material an. So kann er z. B. auf das gewünschte Bild auf der Photo CD Master zugreifen und die Feindaten auf eine neue Photo CD absolut verlustfrei kopieren. Diese ausgeführten Dienstleistungen gehen dann innerhalb eines, maximal innerhalb von zwei Arbeitstagen über internationale Kurierdienste direkt an den Besteller. Er verfügt über die gewünschten Aufnahmen kostengünstig innerhalb kürzester Zeit. Ein direkter Zugriff per Datenfernübertragung wurde erwogen, aber verworfen, weil die Übertragungskosten angesichts der Entfernungen viel zu hoch sind. Neuzugänge in das Archiv sind mit Updates leicht auf demselben Weg an die

Tochtergesellschaften zu versenden und in den Computer zu importieren.

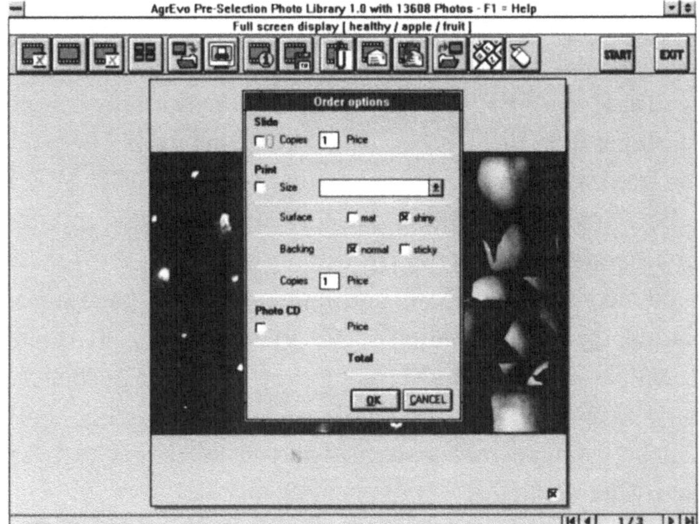

Abb. 6.12:

Das AgrEvo-Bestellformular am Monitor. Diaduplikate, Photo CD Feindaten und Aufsichtsbilder können geordert werden. Nach der Eingabe wird sofort der Preis angezeigt.

Diese Strategie der vielfachen Verteilung der Bilder bei gleichzeitiger zentraler Speicherung der Feindaten dürfte für viele, vor allem aber für international agierende Unternehmen wegweisend sein.

6.4 Wie die Bilder über die Photo CD in dieses Buch gelangten

Ein vielleicht Schule machendes Beispiel für die Übergabe des Bildmaterials vom Autor an den Verlag zeigt das vorliegende Buch. Sämtliche Photographien, die in diesem Buch abgebildet sind, wurden von Photo CDs übernommen.

Dieses Buch liefert den Praxisbeweis: Man kann über die Photo CD in guter Qualität drucken

Zunächst wurde der Text vom Autor in Word für Windows 6.0 geschrieben. Anschließend integrierte er mit Hilfe des in Abschnitt 3.6 geschilderten Verfahrens die Bilder in niedriger Auflösung in den Text. Damit lag ein erster Ausdruck zur Layoutkontrolle vor, aus dem auch die Bilder hinsichtlich Plazierung, Größe, Ausschnitt, Farb- und Helligkeitsrichtung ersichtlich waren. Darin konnten Angaben zu Nachbearbeitungen von Bildern und zum Auffinden auf den unterschiedlichen Photo CDs vermerkt werden. Der Reprobetrieb übernahm neben den Word-Dateien die Bilder von den Photo CDs mit Hilfe von Linocolor 4.0. Diese Software ermöglicht neben nachträglichen Bildkorrekturen auch die Umwandlung in CMYK.

Da Word für Windows eine für den Druck notwendige Farbseparation nicht unterstützt, boten sich zwei Alternativen für das weitere Vorgehen an:

– die getrennte Belichtung der Text- und Bilddaten mit anschließender Montage der Druckfilme oder

– die Integration der Text- und Bilddaten in ein Layoutprogramm, das Farbseparation ausführen kann, wie z. B. Adobe PageMaker oder QuarkXPress, mit seitenglatter Ausbelichtung farbseparierter Druckfilme. Verlagshersteller und Druckvorstufenbetrieb entschieden sich in diesem Fall für die zweite Variante.

Durch die Übergabe der Scandaten der Photo CD an den Reprobetrieb konnten die Druckvorstufenkosten um die Hälfte gesenkt werden. Lediglich 20% der Bilder mußten manuell nachbearbeitet werden. Die bearbeiteten Seiten dieser Text-Bildintegration wurden nun belichtet und entwickelt, d. h. die farbseparierten Druckfilme (Lithos) hergestellt.

6.5 Die Portfolio II bei Mercedes-Benz

Bis vor kurzem wurden in der Mercedes-Benz PKW-Vertriebsorganisation Diaserien eingesetzt. In der Produktinformation „VORTEILE" werden die PKW-Neuheiten der Mercedes-Benz-Vertriebsorganisation als Druckschrift vorgestellt. Für Schulungszwecke wurden KB-Dias mit Rahmendruck verteilt. Daneben mußten durch die internationalen Aktivitäten von Mercedes-Benz ständig Diaduplikate versandt werden.

Inzwischen erfolgt der Versand einer Portfolio II und ermöglicht zusätzlich eine Reihe von Verbesserungen in der Bildkommunikation.

Auf Initiative des für die Produktinformation zuständigen Bereichs wurde die konsequente Nutzung der neuen Technologien gestartet. Mit Unterstützung des Fotostudios Gaukler hat das Atelier Romeijn die Mercedes-Benz AG vor allem durch praktische Vorführungen von den Vorzügen dieser neuen Technologie überzeugt.

Mercedes-Benz und der neue Weg der Bildkommunikation

Die Aufnahmen werden wie bisher auf klassische Weise auf großformatigen Diapositiven hergestellt. Es erfolgt sofort die Digitalisierung mit High-End-Scannern sowie die Bildbearbeitung und Bildretusche für den Einsatz der Printmedien.

Gleichzeitig erfolgt die Übertragung auf die Portfolio II. Auf diesem neuen Medium sind Produktfotos und Grafiken nach Themen gegliedert gespeichert – in erstklassiger Qualität einschließlich der Endretusche.

Eine Vorführung der Bilder am Computermonitor und mit dem Photo CD Player erfolgte für den Kunden. Weiterhin konnte er erleben, wie Text hinzugefügt wurde und aus dem Thermosublimationsdrucker innerhalb weniger Minuten hochwertige Drucke ausgegeben wurden.

Abb. 6.13: Titel der Mercedes-Benz Produktinformation „Zur Sache"

Die Portfolio-Scheibe wurde für eine weitere Demonstration aus dem Laufwerk genommen. Es erfolgte mit ihr eine kurze Fahrt zur BRK Reproduktions GmbH. Der Druckvorstufenfachmann öffnete das Bild, bearbeitete es für den Druck und gab unter den Augen des Kunden die Daten zur Belichtung frei. Der nachfolgende Andruck entsprach allen Anforderungen. Dieses praktische Erleben, integriert in einer Informationsveranstaltung für die Vertriebs- und Marketingspezialisten der ganzen Welt, führte letztlich dazu, daß die Vertriebsorganisation ihre Bildkommunikationsstrategie auf die moderne Photo CD Technologie umstellte. Die DEWE Werbung, Gesellschaft für Marketing und Werbung mbH, gestaltete den in Abb. 6.13 bis 6.15 gezeigten Informationsfolder für die internen Stellen des Konzerns.

Abb. 6.14:

Die Vorteile der fünf verschiedenen Auflösungsstufen des Kodak Photo CD Image Pacs werden in Bild und Text vorgestellt

Inzwischen realisierte man weitere Portfolio II und zusätzliche Anwendungen, u.a. den aufwendigen Bildkalender „Ein Jahrhundert Mercedes-Benz Nutzfahrzeug-Geschichte". Das beispielhafte Werk wurde zusätzlich über die Portfolio II mit Tonsequenzen in mehreren Sprachen vertont und als Multimediakalender auf CD ROM mit hoher Auflage produziert.

Die gesamten Vervielfältigungen und Konfektionierungen der CDs für die Einführung der E-Klasse, der attraktivierten SL- und C-Klasse, des Autopilotsystems, Kalenders und eine CD *Motorsport* organisierte V-DIA *Professionelles Imaging.*

Die Bilder können weltweit über jeden Photo CD- oder CD -I Player auf einem handelsüblichen Fernsehgerät abgespielt werden. Es läßt sich eine automatisch ablaufende Bildershow zusammenstellen, zum Beispiel für den Einsatz in der Schulung und in den Verkaufsräumen. Mit einer Fernbedienung kann jederzeit gezielt auf jedes einzelne Bild zugegriffen und mit einer Zoomtaste weitere Details gezeigt werden. Über einen Beamer (Datenprojektor) lassen sich Großprojektionen durchführen. Darüber hinaus ist die Darstellung an jedem Windows PC und Apple Macintosh möglich. Schließlich können dieselben Bilddaten auf der Portfolio für den Druck von hochwertigen Bildern in High-End Qualität benutzt werden und zwar weltweit. Damit sind in den einzelnen Ländern Schulungsunterlagen, Handbücher, Dias, Overheadfolien, Layoutarbeiten, Prospekte, Plakate und Druckvorlagen sowie Pressematerial herstellbar, alles von ein und derselben CD. Die Portfolio bringt außerdem zusätzliche Kostenvorteile und schnellere Ablaufzeiten. War es früher oft so, daß nachträgliche Änderungen z. B. im Design eines neuen Modells aufwendige und teuere Nachbearbeitungen im Bildmaterial nach sich zogen, können heute durch die kurzen Zeiten bei der Vervielfältigung alle wichtigen Arbeiten am neuen Modell abgeschlossen werden. Erst dann beginnen die Profifotografen und Bildretuscheure ihre Arbeit, an deren Ende die Master Portfolio steht, die als Vorlage für die Vervielfältigungen dient.

Abb. 6.15:
Die digitale Bildverarbeitung in den Mercedes-Benz Produktinformationen für die Vertriebsorganisation

6.6 Presse- und Öffentlichkeitsarbeit mit der Photo CD

Die Opel AG hat schon sehr früh die Photo CD eingesetzt.
Die Fotos der neuen Modelle werden seit geraumer Zeit auf
die Photo CD geschrieben. Die Archivnummer wird dabei in
die Copyright-Datei gespeichert. Damit wird systematisch
ein digitales Archiv aufgebaut. CD-Kopien erleichtern das
Versenden an andere Stellen, die dadurch über eine absolut
identische Qualität verfügen.

Abb 6.16: 200 Fotos vom neuen Vectra-Modell in den Pressemappen für die IAA 1995

Zur IAA 1995 wurden den Pressemappen erstmals die neuen
Vectra-Modelle mit 200 Bildern auf zwei CDs beigefügt. Wie
Jean-Philippe Kempf, der Europa-PR-Manager für die Pro-
duktvisualisierung, erfreut feststellen konnte, wurden die
CDs von der Presse sehr gut aufgenommen. Innerhalb kurzer
Zeit waren die Scheiben vergriffen. Der Labeldruck mit dem
Opel-Logo informiert vorteilhaft über den Hersteller. Der Jewelbox bzw. Konfektionierungsmappe wurden Anwenderhinweise beigefügt. Aufgrund der guten Erfahrungen setzte
man die Photo CD auch für das Modell Maxx ein. Dabei wurden nicht nur die Scheiben, sondern auch das Indexprint vervielfältigt, um auch ohne Computer über den Bildinhalt zu
informieren.

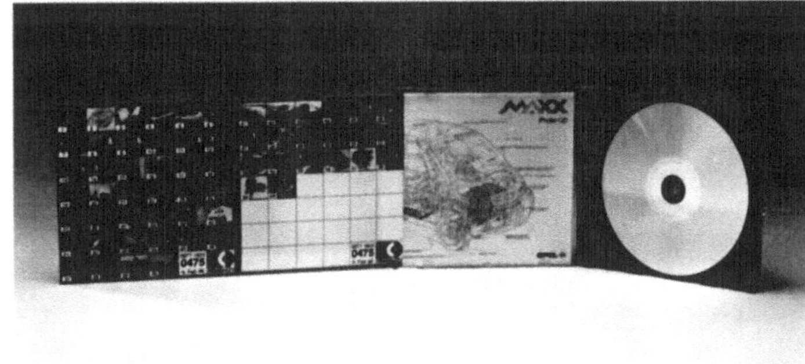

Abb. 6.17:
Ein weiteres Beispiel
für eine Presse-CD
von Opel (1996)

Auch der Verkehrsverein Bremen ging diesen Weg. 100 Bilder der Hansestadt wurden auf die Photo CD übertragen. In der Copyright-Datei sind die Bildlegenden in deutscher und englischer Sprache gespeichert. Mit Labeldruck, Konfektionierung in Jewelboxen und zusätzlicher Textinformation wird diese CD in alle Welt verschickt. Die Bildlegenden in der Copyright-Datei können von den Anwendern in die Zwischenablage im PC exportiert werden. Der Vorgang ist in Abschnitt 3.5.5 detailliert erläutert.

Abb. 6.18:
Presse- und
Öffentlichkeitsarbeit
mit der Photo CD. Die
Bildlegenden sind in
zwei Sprachen
gespeichert

Adressen

7.1 Hersteller

Kodak Photo CD Hotline
Hedelfingerstr. 54-60
70327 Stuttgart
Tel. 0711/406-2626
Fax 0711/406-2988

Linotype-Hell AG
Mergenthaler Allee 55-75
65760 Eschborn
Tel 06196/98-2720

Metocolor Vertriebsgesellschaft mbH
Eiserfelderstr. 312
57080 Siegen
Tel. 0271/3510535
Fax 0271/3510545

7.2 Dienstleister

Atelier Romeijn
digitale Bildkreation, Retusche, Illustrationen
Carl-Schmincke-Str. 4
71229 Leonberg
Tel. 07152/9496-25

AVA Audiovisual Access
Richard Kaczmarzik
Kommunikations- und Medienberatung
Postfach 100 116
69441 Weinheim
Tel. 06201/22517
Fax 06201/24375
CompuServe 100701,2131

V-DIA Professionelles Imaging
Digitaler Farbdruck
Professionelle Photo CD Dienstleistungen
Fotofachlabor
Diaserien mit Rahmendruck und Konfektionierung
Kurpfalzring 100
69123 Heidelberg
Tel. 06221/773-119
Fax 06221/773-167

DEWE Werbung
Gesellschaft für Marketing und Werbung
Full Service Agentur
Schelmenäckerstr. 28
71157 Hildrizhausen
Tel. 07034/122-0
Fax 07034/122-137

Gaukler Studios Fotografie
Mörikestr. 54
70794 Filderstadt
Tel. 0711/77957-0
Fax 0711/77957-44

Die Bildautoren der Fotos auf der beiliegenden Photo CD
sind erreichbar über
aph Akademie für Photographie Hamburg e. V.
Heinz Bindseil Akademie
Hamburg

7.3 Druckvorstufenbetriebe in Deutschland, die die Kodak Photo CD verarbeiten

Tabelle 7.1: Reproanstalten, die die Photo CD verarbeiten (aus der Kodak-Umfrage), nach Postleitzahlen geordnet

Firma	Adresse	Kontakt	Telefon
Reprocolor GmbH	04317 Leipzig Oststr. 40/42	Herr Raab	0341/26796
Koebcke GmbH	10709 Berlin Eisenzahnstr. 37	Herr Bauer	030/863004-0
E & B GmbH	21335 Lüneburg Auf dem Meere 41	Herr Blumen-bach	04131/2084-0
Dannhöfer GmbH	42579 Heiligenhaus Otto-Hahn-Str. 12	Herr Dannhöfer	02056/5188
Chemigraphia GmbH	44141 Dortmund Schellstr. 24	Herr Wohlfahrt	0231/433890
Repro Rósza	51147 Köln Hunoldstr. 5	Herr Schmitz	02203/68668
Bläink Repro-technik GmbH	64291 Darmstadt In den Wingerten 25	Herr Richard	06150/967330
Typo Studio Körbel	69123 Heidelberg Im Taubenfeld	Herr Harmsen	
Satz- und Repro-technik GmbH	69502 Hemsbach Carl-Benz-Str. 11	Herr Schaefer	06201/4976-0
Erdrich & Maier GmbH	70190 Stuttgart Landhausstr. 32	Herr Maier	0711/283008-9
Optiplan Repro-grafie GmbH	70197 Stuttgart Schwabstr. 36 a	Herr Schmidt	0711/66602-28
BRK Reproduk-tions GmbH	70599 Stuttgart Maurenstr. 13	Herr Bauerle	0711/455093
Müller Reprografie	71254 Ditzingen Boschstr. 7	Herr Müller	07156/5085
Stempel Winkle GmbH	71536 Murrhardt Postfach 1329	Herr Winkle	07192/20500
C. Müller & H.Daiber GmbH	72517 Sigmaringen-dorf	Herr Daiber	07571/4095

Repromayer	72770 Reutlingen Wannweilerstr 55	Herr von Mayer	07121/95790
Repro-Technik Ruit	73760 Ostfildern Riedstr. 25	Herr Pätzold	0711/448020
Offset Repro Orschweier GmbH	77972 Mahlberg Siedlungsstr. 3	Herr Hulsbergen	07822/893715
Behnsen & Co. GmbH	86165 Augsburg Sterzingerstr. 3	Herr Kraus	0821/720370
Repro-Team GmbH	88250 Weingarten Wildeneggstr. 39	Herr Gebhard	0751/42087
EBV GmbH	89073 Ulm Küfergasse 11	Herr Scham	0731/64829
Nureg Reproduktionen	90427 Nürnberg Dorfäckerstr. 31	Herr Lensen	0911/327777
BT Gravure GmbH	93073 Neutraubling Bayerwaldstr. 12	Herr Bassen	09401/92180
Creative Line – Coburger Litho	96450 Coburg Fr.-Rückert-Str. 75	Herr Carlsen	09561/850250
Bundschuh & Wehner	97070 Würzburg Heinestr. 14	Herr Klafke	0931/54161

Glossar

Anfasser

Markierung in einem Grafikprogramm. Anfasser bestehen
meist aus acht schwarzen Quadraten, die um das zu bearbei-
tende Feld angeordnet sind. Die Eckquadrate erlauben u. a.
unter Beibehaltung des Seitenverhältnisses das Vergrößern
und Verkleinern. Die in der Mitte der Seiten liegenden Qua-
drate dienen zur horizontalen bzw. vertikalen Größenverän-
derung. Dabei wird das Feld bzw. Bild verzerrt.

APS

Advanced Photographic System. Neue Generation von Kameras und Verarbeitungsgeräten für den Consumermarkt
mit einseitig perforiertem Film, Einlegeautomatik, Negativ-
aufbewahrung in der Originalkassette, Wechselmöglichkeit
teilbelichteter Filme, drei Bildformaten (wählbar bei jeder
neuen Aufnahme innerhalb des Films), Indexprint und magnetischer Datenspeicherung.

Auflösung

Qualitätsbezeichnung für das Scannen und die Darstellung
eines Bildes auf dem Monitor und im Druck. Das analoge
Bild (z. B. ein fotografisches Negativ oder ein Diapositiv)
wird in einzelne Bildpunkte zerlegt, also aufgelöst. Bei der
Beschreibung der Auflösung werden die Bildpunkte in horizontaler und vertikaler Richtung angegeben. Zum Beispiel
beträgt die Base-Auflösung der Photo CD 512 x 768 Bildpunkte. Diese Bildpunkte werden auch Dots oder Pixel genannt. Statt der letztgenannten Begriffe wird die Auflösung
auch in Linien bzw. lines beschrieben. Einheiten für die Auf-

lösung sind dpi (Dots per inch.), lpi (lines per inch.), Lpcm (Linien pro cm). In Deutschland ist für den Druck die Angabe des Rasters in Lpcm gebräuchlich, z. B. 60er-Raster = 60 Linien pro cm.

Base
Bezeichnung für die Auflösungsstufen der Kodak Photo CD. Ausgangspunkt ist die Auflösung, die für eine Darstellung eines Bildes auf Computermonitoren und Fernsehern ausreicht. Sie wurde mit 512 x 768 Pixel als Base-Auflösung definiert. Jeweils ein Viertel bzw. das Vierfache ergibt die übrigen Auflösungsstufen der Photo CD.
Beispiel 1: 256 x 384 Pixel (jeweils die Hälfte von 512 bzw. 768) wird $\frac{1}{4}$ Base genannt.
Beispiel 2: 1024 x 1536 Pixel (jeweils das Doppelte von 512 bzw. 768) wird mit 4Base bezeichnet.
Die vorläufige Höchstauflösung ist 64 Base mit einer Dateigröße von ca. 75 MB.

Beamer
Datenprojektor. Aus dem Englischen beam, Strahl.

Belichter
Gerät zur Ausgabe eines mit dem Computer bearbeiteten Bildes, Textes oder einer Grafik auf fotografischem Material.

Betriebssystem
Basisprogramm in Computern für die Verknüpfung der angeschlossenen Geräte (z. B. Tastatur, Maus, Monitor, Drucker) und zur Verwaltung von Dateien. Verbreitete Betriebssysteme sind z. B. MS DOS, OS/2, Windows 95 und das Apple Macintosh SYSTEM.

Bit
Von engl. binary digit, Binärziffer. 1 Bit ist die kleinste Darstellungseinheit für Daten in binärer Zahlendarstellung. Der Wert eines Bits kann nur die Zeichen 1 oder 0 annehmen (Strom fließt oder fließt nicht).

Byte

Einheit, die 8 Bits zusammenfaßt. Ein Zeichen in unserem Alphabet oder eine Ziffer kann durch 1 Byte dargestellt werden.

Cache

Vorspeicher, zwischen Arbeitsspeicher und Festplatte. Beschleunigt insbesondere wiederholte Lesezugriffe auf eine Datei.

CCD

Charge-coupled Device. Baustein zum Umwandeln von Licht in elektronische Signale. CCDs werden z. B. in digitalen Kameras eingesetzt.

CD R

Compact Disk Recordable. Sammelbegriff für CDs, die beschreibbar sind.

CD ROM

Compact Disk Read Only Memory. Massenspeichermedium-Familie, zu der auch die Photo CD gehört. Im Sprachgebrauch ist der Begriff (einengend) für die Multimedia-CD mit Ton, Bewegtbildern, Text, Grafik und Bildern oder einem Teil dieser Bestandteile eingeführt.

CD ROM Laufwerk

Mit seiner Hilfe können Informationen von einer Photo CD und CD ROM von Computern gelesen werden.

CD ROM XA

Compact Disk Read Only Memory Extended Architecture. Erweiterung der CD ROM-Technologie, um Photo CDs in mehreren Schritten beschreiben und wieder lesen zu können.

CD-i

Compact Disk interaktiv. Ein CD-Format, das Audio- und Videosequenzen sowie Daten speichern kann. Zum Abspielen bzw. anwenden ist ein CD-i-Player erforderlich. Die Benutzer können auf Bedienerhinweise reagieren.

CD Writer
Gerät zum Beschreiben von CDs. Digitale Daten werden mittels eines Laserstrahls auf die CD geschrieben.

Chrominanz
Farbsignal. Gegensatz bzw. Ergänzung zu Luminanz.

Composing
(Elektronisches) Zusammenfügen von Bildern zu einer neuen Bildkomposition.

Computer-to-plate
Bezeichnung für das direkte Übernehmen von farbseparierten Bildern aus dem Computer auf die Druckplatte unter Wegfall der klassischen Druckvorstufe. Fachbegriff aus der Druckbranche.

Copyright-Datei
Spezielles Unterverzeichnis auf der Photo CD zur Speicherung und Verknüpfung von Zusatzinformationen zu einem bestimmten Bild. Speichert man z. B. eine frei definierbare Archivnummer beim Photo CD Transfer mit ab, kann das Bild später mit einer Datenbanksoftware verbunden und so mit Suchbegriffen aufgefunden werden. Eignet sich auch zum Eintragen umfangreicher Texte, z. B. Bildlegenden. Von dort können sie einfach in die Zwischenablage im PC kopiert werden (Anwendung u. a. in der Presse- und Öffentlichkeitsarbeit.)

Datenformat
Aufzeichnungsformat für Daten eines Computers. Festlegung über die Interpretation einer gespeicherten Folge von Binärzeichen. Verbreitete Datenformate für Bilder sind: TIFF, EPS, PCD.

DFÜ
Datenfernübertragung, z. B. mit ISDN

Digital
Von lat. digitus, Finger. Darstellungs- oder Verarbeitungsart mit Werten aus dem binären System. Stufenförmige, nicht stetig veränderliche Werte. Gegensatz: Analog, stufenlos.

dpi
Dots per inch. Bildpunkte bzw. Pixel pro inch (Zoll). 1 inch = 2,54 cm.

DTP
Desktop Publishing. Gestaltung und Herstellung von Druck-Erzeugnissen am eigenen Schreibtisch mit Hilfe des Computers.

DVD
Digital Versatile Disc. In Entwicklung befindlicher Standard mit sehr hoher Speicherkapazität (geplant sind 17 GB je Scheibe).

EPS
Encapsulated Postscript. Datenstandardformat für die Einbindung in andere Dokumente.

Filmbelichter
siehe Belichter

GB
Gigabyte. 1024 Megabyte

Glasmaster
Matrize zur Vervielfältigung von CDs mittels Spritzgußverfahren.

High-End Scan
Druckvorstufe: Ergebnis eines Scanvorgangs mittels eines Trommelscanners mit sehr höher Auflösung und bereits

erfolgter professioneller Bearbeitung der Daten für den Druck.

Icon
Kleines Symbol auf dem Computermonitor für schnellen Zugriff auf Funktionen bzw. Programme.

Image
Von lat. imago: Bildnis, Abbild. Diese Grundbedeutung ist gemeint, wenn z. B. von Imaging oder der Image Chain gesprochen wird.

Image Chain
Gesamtheit der Kette von Tätigkeiten zur Schöpfung, Be-und Weiterverarbeitung von Bildern von der Fotografie und (Computer-) Grafik bis zum fertigen Bild.

Imaging
Oberbegriff für alle Aktivitäten im Zusammenhang mit dem fotografischen und digitalen Bild. Erzeugen, Be- und Verarbeiten von Bildern. Schließt alle Arten von Bildern (Fotos, Grafiken etc.) mit ein.

Image Pac
Umfaßt alle jeweils möglichen Auflösungen der Photo CD (Photo CD Master: fünf Auflösungsstufen, von 1/16 Base bis 16 Base, max. Dateigröße ca. 18 MB. Pro Photo CD Master: sechs Auflösungsstufen von 1/16 Base bis 64 Base, max. Dateigröße ca. 75 MB).

Indexprint
Darstellung aller Bilder einer Photo CD in Briefmarkengröße auf einem Thermosublimationsdruck. Wird jedem Photo CD Transfer beigefügt und zeigt zu jedem Bild die Nummer, unter der es auf der Photo CD abgelegt ist. Das Indexprint zeigt außerdem die Photo CD Nummer an, das ist die weltweit einmalig vergebene Nummer der Scheibe.

Inlaycard
In die Jewelbox eingelegtes Textblatt.

Insert
Einfügen eines Bildes in eine Textseite oder ein Dokument.

Interaktion
Informationsaustausch zwischen Mensch und Computer.
Eingriffs- und Wahlmöglichkeiten beim Programmablauf.

ISDN
Integrated Service Data Network. Digitaler Dienst der Telekom zur diensteintegrierenden Datenübertragung.

ISO
International Organization for Standardization/ Internationale Organisation für Normung.
Organisation zur Festlegung internationaler Standards, z. B. ISO 9660 für CDs.

Jewelbox
Kassette aus Kunststoff zur Aufbewahrung von CDs.

KB
Doppelbedeutung.
1. In der Fotografie: Kleinbildfilm mit 35 mm Breite. (Aufnahmeformat 24 x 36 mm).
2. Im Computerwesen: Kilobyte, 1024 Byte.

Labeldruck
Aufdruck auf die CD bei Vervielfältigungen über Glasmaster, auch mehrfarbig möglich.

Laser
Kurzwort aus: light amplification by stimulated emission of radiation. Gerät zur Verstärkung von Licht einer bestimmten Wellenlänge bzw. zur Erzeugung eines scharf gebündelten Strahls kohärenten Lichts. Die Photo CD wird mit einem Laserstrahl höherer Intensität beschrieben und mit einem Laserstrahl geringerer Intensität gelesen.

Luminanz
Helligkeitssignal

MB
Megabyte. 1.024 Kilobyte oder 1.048.576 Byte

Memory
Speicher im Computer. Siehe auch RAM

Multimedia
Paralleler Einsatz von stehenden und bewegten Bildern sowie Texten, Ton und Grafik.

Multisession
Wörtlich: Mehrfach-Sitzung. Eigenschaft der Photo CD, in mehreren Schritten Bilder aufzunehmen. Ein multisessionfähiges Laufwerk kann die einzelnen Sitzungen lesen, ein Singlesession-Laufwerk nur die erste Sitzung.

Netzwerk
Verbindung mehrerer Computer untereinander.

Optical Disk
Diskette/Speichermedium mit optischer Speicherung im Gegensatz zur magnetischen Speicherung

PC
Personal Computer. Eigenständiges Computersystem, das ein Benutzer zur persönlichen Verfügung hat. Der Begriff wird häufig gebraucht, um den IBM-kompatiblen PC vom Apple Macintosh-System abzugrenzen, obwohl strenggenommen der Mac auch ein PC ist. Präziser ist es demnach, vom IBM-kompatiblen PC bzw. vom Apple-PC zu sprechen.

PCD
Abkürzung für Photo CD. Die Buchstaben bezeichnen auch die Endung des Photo CD Formats.

Photo CD

Optisches Speichermedium von Kodak mit dem patentierten Datenformat YCC. Speichert Bilder in fünf bzw. sechs Auflösungen.

Photo CD Player

Abspielgerät für Audio- und Photo CD. Ausgabe über Lautsprecher und Fernseher.

PIW

Photo CD Image Workstation. Gerätekombination von Kodak für das Scannen, Bearbeiten und Beschreiben von Photo CDs und das Herstellen des Indexprints.

Pixel

Kunstwort aus *Pic*ture *El*ements. Bildpunkt(e), kleinstes Element eines Rasterbildschirms, dem Farbe und Intensität zugeordnet werden können.

Portfolio II

Einmal beschreibbare CD von Kodak mit offener Architektur. Speichert Bilddaten der Grafikformate TIFF, PICT und BMP im Original- und zusätzlich im Photo CD-Format mit dem Image Pac.

RAM

Random Access Memory. Arbeitsspeicher des Computers.

RGB-Farbraum

Nicht standardisierter Farbraum. Additive Grundfarben. Die Primärfarben Rot, Grün, Blau. Aus ihnen werden alle TV- und Monitorbilder aufgebaut. Auch alle Scanner tasten die Bilder im RGB-Modus ab. RGB steht auch für die Methode der additiven Farbmischung. So entsteht z. B. aus der Übereinanderprojektion von rotem und grünem Licht Gelb. Werden alle drei Farben übereinanderprojiziert, addiert sich das Licht zu weiß.

Scanner
Gerät, das ein Objekt mit einem Licht- oder Elektronenstrahl punkt- bzw. zeilenweise abtastet und die erhaltenen Meßwerte weiterverarbeitet. Wandelt z. B. die analogen Bilder in digitale Signale um.

Seitenverhältnis
Verhältnis der Kantenlängen eines Bildes zueinander. Das Kleinbildformat 24 x 36 mm hat z. B. das Seitenverhältnis 2:3. DIN-Formate haben ein anderes Seitenverhältnis. Deswegen kann ein KB-Dia nicht formatfüllend und gleichzeitig ohne Ausschnitt und ohne Verzerrung auf DIN A4 übertragen werden. Das Seitenverhältnis ist wichtig bei Maßstabsveränderungen. Soll das Bild nicht verzerrt und als vollständiges Bild skaliert werden, bleibt dabei das Verhältnis gleich. Aus dem KB-Format wird z. B. ein Bild 30 x 45 cm.

Separation
In der Druckvorstufe: Trennung der Bilder in die Farbauszüge. Der Fachmann spricht auch vom CMYK-Farbraum. Da das Übereinanderdrucken von blaugrünen (Cyan), purpurnen (Magenta) und gelben (Yellow) Farbteilbildern nach der subtraktiven Farbmischtheorie keine befriedigenden Schwärzen liefert, muß noch ein viertes Farbteilbild in Schwarz (Black) darübergedruckt werden. In der Druckbranche wird manchmal blaugrün als blau und purpur als rot bezeichnet. Es ist daher besser, man spricht von Cyan und Magenta.

Session
siehe Multisession.

Subtraktive Farbmischung
Die Mischung von Körperfarben. Die subtraktiven Grundfarben sind Blaugrün, Purpur und Gelb (Cyan, Magenta, Yellow). Mischt man alle subtraktiven Grundfarben, entsteht theoretisch schwarz, in der Praxis dunkelgrau. Deswegen muß im Vierfarbdruck schwarz separat hinzugenommen werden. Daher ist für den Vierfarbdruck ein Vierfarbsatz notwendig, vier Filme mit den Farbteilbildern in den drei

Grundfarben und dem Schwarzfilm. Werden alle (gerasterten) Teilbilder in ihrer Farbe passergenau übereinandergedruckt, entsteht das farbige Bild. Das fotografische (Silberhalogen-) Papier-Farbbild und die Diapositive entstehen ebenfalls mit den subtraktiven Grundfarben. Sie befinden sich in der Regel in der Emulsion.

Thermosublimationsdruck
Farbdruckverfahren mit kontinuierlicher Farbgebung durch Erhitzung von Thermoelementen. Dabei werden die einzelnen Bildpunkte (bis 16,7 Millionen Farbtöne) ohne Zwischenraum aneinandergesetzt.

TIFF
Tagget Image File Format. Bilddateiformat, das von den meisten Bildverarbeitungsprogrammen und einer großen Zahl von Computerplattformen unterstützt wird.

Verzeichnis
Ordner im Computer. Erleichtert das Aufsuchen bestimmter Dateien.

Wasserzeichen
Verschlüsselung höherer Auflösungen bei der Photo CD. Zugriff über die Eingabe einer Codenummer.

WORM
Write Once Read Multiple. Einmal beschreibbare, beliebig oft lesbare CD.

Writable CD
Frei beschreibbare CD von Kodak.

YCC
Standardisierter Farbraum des Kodak Photo CD Systems.

Literatur

Computerlexikon von Franz Grieser und Thomas Irlbeck
2. Auflage, 1995
Beck EDV-Berater im dtv

Total Digital von Nicholas Negroponte
1. Aufl. 1995
Bertelsmann Verlag

Mattias Nyman
4 Farben – ein Bild
Grundwissen für die Farbbildbearbeitung mit DTP
1. Aufl. 1994
Springer-Verlag Berlin

Linnea Dayton, Jack Davis
Photoshop-Praxis
1. Aufl. 1994
Springer-Verlag Berlin

Abbildungen und Tabellen

10.1 Abbildungen

Bildautoren Buch
Abb. 1.1, 2.2, 2.3, 2.4, 2.9, 3.2 (Screenshot), 3.4, 3.5, 3.6 (Screenshot), 4.1, 6.9, 6.11, 6.12: Richard Kaczmarzik
Abb. 2.1, 5.6, 6.6: Fotostudio Neher

Abb. 2.5, 2.6, 4.4, 5.1, 5.3, 6.1, 6.3, 6.4, 6.5, 6.13 - 6.18: Stefan G. Falk

Abb. 2.8, 3.3, 3.6 (Igelaufnahme), 3.7 (Screenshot), 4.2, 4.3, 5.2, 5.4, 5.5, 5.7, 6.7, 6.8, 6.10, 6.11: Walter Gradl

Abb. 2.10, 2.11, 3.7: Helmut R. Schulze

Abb. 3.8 - 3.11: Frank Beeke

Abb. 6.2: Prof. Dr. von Hagens

Scan-Auflösungen der Aufnahmen, die sich auf der CD befinden

Die Bilder auf der beiliegenden CD sind mit folgenden Auflösungen gespeichert:

Bilder 1 - 4: 16Base, ab Auflösungsstufe Base mit Wasserzeichen verschlüsselt. Die Entschlüsselung ist in Abschnitt 3.5.11 beschrieben. Dort befinden sich auch die dafür notwendigen Decodierungsbezeichnungen.

Bilder 5 - 77: Base-Auflösung. Es stehen nur die untersten drei Auflösungsstufen der Photo CD zur Verfügung. Die Bilder eigen sich nur für die Darstellung am Monitor bzw. Fernsehbildschirm oder für den kleinformatigen Druck bis maximal 4 x 6 cm im 60er-Raster. Die maximale Dateigröße ist 1,1 MB.

Bild 78 und 79: 64Base-Auflösung. Diese beiden Bilder zeigen die vollen Image Pacs mit sechs Auflösungsstufen je Bild. Die maximale Dateigröße ist ca. 75 MB.

Die übrigen Bilder sind mit der Auflösung 16Base gescannt. Die maximale Dateigröße ist ca. 18 MB.

Bildautoren der CD

Bild 1 - 4: Helmut R. Schulze

Die Fotos 5 - 77 auf der beiliegenden Photo CD stammen von Meisterschülerinnen und Meisterschülern der aph Akademie für Photographie Hamburg e. V. (Heinz Bindseil Akademie): Frank Beeke, Christian Boehm, Susanne Ehrenberg, Maike Freese, Anja Frick, Frank Goellner, Andrea Hamann, Norbert Haubensak, Rainer Hinz, Svenja Hohendorf, Sonja-Cécile Klanke, Stefanie Kranefoer, Christin Langhinrichs, Martin Salzer, Michael Sommer, Robert Tönshoff, Steffen Walter, Stefan Wasmund, Antje Wiech. Die aph Akademie für Photographie stellt auf Wunsch Kontakte zu den Bildautoren her.

Die übrigen auf der CD gespeicherten Fotos stammen vom Autor. Er dankt folgenden Firmen und Institutionen für die freundliche Genehmigung zur Veröffentlichung:

Abb. 2.7: Linotype-Hell AG, Eschborn

Abb. 3.1: Ulf Gliese, Minolta GmbH, Ahrensburg

Abb. 4.3, 6.16, 6.17: Opel AG, Rüsselsheim

Abb. 4.4, 6.13, 6.14, 6.15: Mercedes-Benz AG, Stuttgart

Abb. 5.2: R+V Versicherung, Wiesbaden

Abb. 6.1, 6.2, 6.3, 6.4: Institute for Plastination, Heidelberg

Abb. 6.5, 6.6: Georg Thieme Verlag, Stuttgart-New York

Abb. 6.7, 6.8, 6.9, 6.10, 6.11, 6.12: AgrEvo GmbH, Frankfurt

Abb. 6.18: Verkehrsverein Bremen

Die Software bzw. fotografischen Aufnahmen auf der beiliegenden CD wurden von Atelier Romeijn, Leonberg mit freundlicher Genehmigung der Kodak AG und Herrn Helmut R. Schulze, übertragen.

Die Formeln in Abschnitt 4.1.2 entwickelte Wolfgang Gradl. Er beriet den Autor zusätzlich in Fragen der Texterfassung und im DTP.

Eine gewerbliche Nutzung der Software und der Bilder bedarf der vorherigen Erlaubnis der Rechteinhaber.

10.2 Tabellen

Index

Springer-Verlag und Umwelt

Als internationaler wissenschaftlicher Verlag sind wir uns unserer besonderen Verpflichtung der Umwelt gegenüber bewußt und beziehen umweltorientierte Grundsätze in Unternehmensentscheidungen mit ein.

Von unseren Geschäftspartnern (Druckereien, Papierfabriken, Verpackungsherstellern usw.) verlangen wir, daß sie sowohl beim Herstellungsprozeß selbst als auch beim Einsatz der zur Verwendung kommenden Materialien ökologische Gesichtspunkte berücksichtigen.

Das für dieses Buch verwendete Papier ist aus chlorfrei bzw. chlorarm hergestelltem Zellstoff gefertigt und im pH-Wert neutral.